T0030515

El manifiesto comunista

Karl Marx
Friedrich Engels

El manifiesto comunista

Traducción y edición de
José Ovejero

Galaxia Gutenberg

Título de la edición original: *Manifest der Kommunistischen Partei*
Traducciones del alemán, francés e inglés: José Ovejero

Publicado por
Galaxia Gutenberg, S.L.
Av. Diagonal, 361, 2.º 1.ª
08037-Barcelona
info@galaxiagutenberg.com
www.galaxiagutenberg.com

Primera edición: septiembre de 2021
Segunda edición: octubre de 2021
Tercera edición: marzo de 2022

© de la edición y las traducciones: José Ovejero, 2021
© de los textos adicionales: Santiago Alba Rico, Iván de la Nuez,
Yolanda Díaz, Wendy Lynne Lee y Marta Sanz
© del texto de José Saramago: Pilar del Río, cedido por Alfaguara
© Galaxia Gutenberg, S.L., 2021

Preimpresión: Maria Garcia
Impresión y encuadernación: Ulzama digital
Depósito legal: B 8503-2021
ISBN: 978-84-18807-09-1

Cualquier forma de reproducción, distribución, comunicación pública
o transformación de esta obra sólo puede realizarse con la autorización
de sus titulares, aparte de las excepciones previstas por la ley. Diríjase a CEDRO
(Centro Español de Derechos Reprográficos) si necesita fotocopiar o escanear
fragmentos de esta obra (www.conlicencia.com; 91 702 19 70 / 93 272 04 45)

Índice

Time present is a cataract whose force
Breaks down the banks even at its source
And history forming in our hands
Not plasticine but roaring sands,
Yet we must swing it to its final course.

El presente es una catarata cuya fuerza
ya en la fuente revienta la ribera
y la historia en nuestras manos se moldea,
no arcilla, más bien tormenta de arena
que debemos encauzar hacia su última carrera.

JOHN CORNFORD (1915-1936),
poeta comunista inglés, muerto en España
luchando contra el fascismo

Dogmas

Los dogmas más nocivos no son los que como tal fueron expresamente enunciados, como es el caso de los dogmas religiosos, porque éstos apelan a la fe, y la fe ni sabe ni puede discutirse a sí misma. Lo malo es que se haya transformado en dogma laico lo que, por propia naturaleza, nunca aspiró a tal. Marx, por ejemplo, no dogmatizó, pero luego vinieron seudo marxistas para convertir *El Capital* en otra Biblia, cambiando el pensamiento activo por glosa estéril o por interpretación viciosa. Se ha visto lo sucedido. Un día, si fuéramos capaces de deshacernos de antiguos y férreos moldes, de la piel vieja que no nos deja crecer, volveremos a encontrarnos con Marx: tal vez una «relectura marxista» del marxismo nos ayude a abrirle caminos más generosos al acto de pensar. Que tendrá que comenzar por buscar respuesta a la pregunta fundamental: «¿Por qué pienso como pienso?». Dicho con otras palabras. «¿Qué es la ideología?». Parecen preguntas de poca monta y no creo que haya otras más importantes...

JOSÉ SARAMAGO, *Cuadernos de Lanzarote*,
12 de noviembre de 2008

Prefacio

José Ovejero

Toda nueva edición es una invitación a seguir conversando sobre un texto. Y *El manifiesto comunista* es una de esas obras sobre las que merece la pena retomar la conversación una y otra vez. Es cierto que son casi incontables las traducciones y ediciones que se han hecho de él. Pero, con el tiempo, cualquier publicación tiende a desaparecer de las librerías, se vuelve difícil de encontrar y pierde presencia en el debate. Por supuesto, siempre es posible recurrir a las bibliotecas o a las librerías con un buen fondo, pero de todas formas desaparece del ángulo de visión del público no especializado. Sin embargo, creo que el *Manifiesto*, a pesar del tiempo transcurrido desde su primera publicación en 1848, sigue queriendo conversar con el público de hoy. Tiene muchas cosas que decirle.

Por supuesto podríamos haber recurrido a una traducción ya existente, pero también volver a traducirlo es otra manera de reexaminar nuestra relación con el texto, de buscarle la forma a la vez más fiel y más actual, el lenguaje en el que seguir hablando y discutiendo con él.

Confieso que en mi decisión de embarcarme en este trabajo, no sólo de traducir este gran panfleto sino también de realizar una edición que combinase textos clásicos y textos contemporáneos que lo comentaran, había un poso de rabia: en los últimos años el terrible fantasma que recorre Europa es el de la ignorancia interesada, esa que lleva a señalar casi como a un delincuente a quien se proclame socialista o, *vade retro*, comunista. Socialismo o libertad, comunismo o libertad, dicen algunos de los líderes más desvergonzados de nuestro panorama político para escamotear como prestidigitadores todas las medidas que han ido tomando en detrimento de la libertad y el bienestar de los ciudadanos. El *Manifiesto* es parte de una cultura política desde la que se ha luchado por disminuir los niveles de explotación de los más débiles por los más fuertes, de alcanzar una sociedad menos depredadora. Que, como toda teoría política –y no hablemos de las doctrinas religiosas– ha producido monstruos es tan innegable como inevitable. También lo es que sin textos como éste muchos de los avances sociales que hoy disfrutamos no existirían, y que ha transformado de forma drástica nuestra manera de mirar el mundo, incluso la de quienes no saben lo que es el materialismo histórico. Ortega, aunque consideraba que las revoluciones son una catástrofe, afirmó que la amenaza de la revolución es imprescindible para que las clases pudientes dejen de lado su egoísmo y acepten al menos las reformas más básicas. El fantasma que abre el *Manifiesto* sin duda ha asustado lo suficiente como para que así fuese.

Pero, además, el *Manifiesto* es un texto de rara belleza. «Ningún resumen podrá transmitir la calidad de sus páginas iniciales o finales», escribió Isaiah Berlin, un liberal, en su espléndido estudio sobre Marx. «Como instrumento de propaganda destructiva, no tiene igual en parte alguna: el efecto que produjo en las generaciones subsiguientes no tiene parangón, como no sea en la historia religiosa, y si su autor no hubiera escrito nada más, el documento le habría asegurado perdurable fama»,[1] añade. Aunque Berlin no puede estar de acuerdo con las doctrinas marxistas –e incluso el más marxista de nuestros contemporáneos también encontrará motivos para criticar pasajes del texto–, tampoco puede sustraerse a la energía, a la fuerza de sus proclamas.

Por eso traducirlo ha sido un placer también estético. Debo decir que muchas de las traducciones que se han hecho al español de este texto revolucionario son extremadamente pobres; mutiladas, vertidas del francés o con un apoyo excesivo en las traducciones a ese

---

1. Las citas están tomadas de Berlin, Isaiah: *Karl Marx*, Alianza Editorial, 1988, trad. Roberto Bixio y Ángel Rivero Rodríguez.

idioma, a ratos incomprensibles quizá por un deseo tal de fidelidad al original que no son capaces de escapar a la sintaxis del alemán. Por supuesto hay también muy buenas traducciones. ¿Y qué podía aportar yo a ellas? Eso lo decidirán quienes lean esta versión. Mi esfuerzo se ha dirigido sobre todo a crear un texto que se lea como lo habría hecho uno de los lectores destinatarios de la diatriba de Marx y Engels, es decir, un texto dirigido sobre todo a la gente corriente. Por supuesto he buscado la fidelidad absoluta a las ideas, pero me he permitido algunas libertades con la sintaxis, intentando imaginar cómo Marx y Engels lo habrían escrito en español de haber dominado esta lengua. Ése ha sido mi objetivo, múltiple y quizá demasiado ambicioso: conservar el sabor decimonónico del texto, reflejar el espíritu de la época, que sea perfectamente comprensible para cualquier lector contemporáneo y mantener la energía y la fluidez hermosamente panfletaria del original.

No se trata entonces de una edición crítica ni para expertos en Marx particularmente interesados en las variaciones entre las numerosas ediciones del *Manifiesto*. Busco un público amplio pero con criterio, de lectores no especializados a los que interese adentrarse en una de las obras políticas más influyentes de los casi dos últimos siglos. Es un texto que merece ser leído hoy, con toda la distancia crítica que se considere pertinente, porque sigue iluminando muchas de las contradicciones, de los conflictos y de los problemas de nuestra época.

Añado de todas formas un par de precisiones sobre la traducción, las fuentes y los textos escogidos para quienes sientan interés por esos asuntos.

He realizado la traducción a partir de la edición alemana de 1890, preparada por Engels, tal como la recogen las obras completas de Marx y Engels en Dietz Verlag (Marx, Engels, *Werke*, vol. 4, Berlín, 1990), aunque sólo he reproducido las notas a pie de página de Engels que me han parecido imprescindibles para entender el texto. No he señalado, como sí hace Dietz Verlag, las variaciones respecto a las ediciones de 1848 y ulteriores. Repito: esto no es una edición crítica.

Tampoco he traducido todos los prefacios escritos por Marx y Engels o por este último tras la muerte de su amigo, tanto a las sucesivas ediciones en alemán como en otras lenguas; no buscaba ser exhaustivo sino aportar las informaciones y las ideas más significativas hoy; por eso he usado sólo los que me parecen más relevantes y algunos no los he traducido completos, evitando a los lectores la fatiga de leer extensos fragmentos donde se repite casi literalmente lo ya dicho en prefacios anteriores –he señalado esas omisiones en el texto, por supuesto–. He añadido un interesante prefacio de León Trotski a la primera edición en afrikáans del *Manifiesto*; vistas las discrepancias entre distintas reproducciones y traducciones de dicho prefacio –y de las incomprensibles mutilaciones a las que algunas han sido sometidas–, he partido de las versiones coincidentes de las revistas *Quatrième Internationale*, n.º 6-7, marzo-abril de 1938, y *La Verité*, n.º 2, junio de 1938, cotejándolas con la que aparece en el texto en afrikáans de finales de 1937. El título con el que se publicó el original en 1848 fue *Manifiesto del partido comunista*, pero he preferido utilizar el título por el que es hoy más conocido, *El manifiesto comunista*, que fue el que se usó siempre en alemán desde la edición de 1872.

Para los comentarios contemporáneos he contado con la participación de varios autores y autoras que consideré que tendrían algo interesante que decir sobre el tema aunque no fuesen todos filósofos o historiadores del pensamiento, y fuesen o no marxistas. Y me pareció importante añadir el texto de Wendy Lynne Lee –sin duda el más académico–, porque quizá el aspecto hoy más necesitado de revisión del *Manifiesto* sea la posición subalterna que desempeñan en él las mujeres. Aunque aborda la situación de la mujer bajo el capitalismo, y aunque sus autores consideraban, con Fourier, que «el grado de emancipación de la mujer es la medida natural de la emancipación general» –lo mencionan, por ejemplo, en *La sagrada familia* y en *Anti-Dühring*–, no prestan suficiente atención a la doble explotación de clase y género, por lo que una crítica socialista feminista al texto puede sin duda enriquecer su lectura.

Pensando en quienes no estén muy familiarizados con la historia política y de las ideas he añadido un breve glosario explicando quiénes fueron los personajes mencionados en el *Manifiesto* y en los demás textos históricos.

Termino dando las gracias por su generosidad a Yolanda Díaz, quien a pesar de todas sus ocupaciones y preocupaciones como vicepresidenta y ministra ha sacado el tiempo para escribir un hermoso prefacio. También agradezco su tiempo, su entusiasmo y su inteligencia a Santiago Alba Rico, Marta Sanz, Iván de la Nuez y a Wendy Lynne Lee (y a Pilar del Río que nos cedió el texto de José Saramago). Puede que me haya equivocado en la traducción pero estoy seguro de no haberlo hecho en mi elección de colaboradores. Gracias a ellos y ellas esta edición de *El manifiesto comunista* se ve enriquecida y nos permite entender mejor el texto revolucionario desde la perspectiva de nuestra época.

Prólogo

Yolanda Díaz

Porque, sin duda, tener no es lo nuestro
y sí soñar desesperadamente
que todo lo tenemos al borde de la mano.

Francisca Aguirre

El pensamiento de Karl Marx parece escrito, con tinta indeleble, sobre el viento de la Historia. Reaparece siempre, en los contextos de crisis económica y social, con toda su lucidez y su capacidad de estimular la reflexión. Su mirada sobre los mecanismos de la producción capitalista sigue arrojando comprensión y luz sobre los principales problemas de nuestro mundo y de nuestro tiempo.

Hay muchos marxismos en Marx, muchas refutaciones y rescates. Ópticas poscolonialistas u ortodoxas, visiones que condenan su sesgo patriarcal o que celebran su relación con la naturaleza y el medio ambiente. En cualquier caso, como teórico social, Marx desbarató los esquemas ideológicos de la clase burguesa, del capitalismo, reventando las costuras y trampas de su lenguaje y, a la vez, de su capacidad de dominar.

En Galicia utilizamos el sintagma *«mover os marcos»* para referirnos a una práctica severamente condenada, que consiste en alterar, con nocturnidad y alevosía, las lindes y marcas físicas que rodean un terreno o una parcela agrícola. A veces esos marcos no existen físicamente: ha desaparecido la piedra, el árbol, o se ha secado el pequeño arroyo que delimitaba la propiedad. Pero esa sabiduría ancestral de la frontera pervive en la memoria oral, casi en el inconsciente colectivo. Marx y Engels, en *El manifiesto comunista*, movieron los marcos invisibles del pensamiento occidental. A la vista de todo el mundo, a plena luz del día. Ambos abrieron una nueva conversación. Con un espíritu tan esperanzado como revolucionario, trastocando convenciones y denunciando injusticias atávicas.

Marx ha sido caricaturizado y simplificado en innúmeras ocasiones. El mismo lenguaje que él contribuyó a desmantelar le ha jugado malas pasadas. Las traducciones, por ejemplo, realizadas a lo largo de los años sobre el original alemán, han instituido sintagmas y lugares comunes, como el de «dictadura del proletariado», que no se corresponden con el sustrato exacto de sus tesis. También sus metáforas han opacado, en ocasiones, las categorías a las que aluden.

El manifiesto comunista es un texto de propaganda, político, convendría no olvidarlo. Y, sin embargo, sorprende en él su alma literaria, su estilo límpido, asertivo, en el que se transparentan las cuatro manos de dos amigos, entrelazando sus juicios y sus anhelos. Es un texto fraternal, no sólo por su factura compartida, sino también por su carácter de carta abierta a la humanidad y a las clases trabajadoras.

Marx, conocedor y hablante de varios idiomas, leía habitualmente a Homero, a Shakespeare y a Cervantes. También a Dante. Declamaba pasajes enteros de *La Divina Comedia*, una devoción compartida con Engels, que homenajeó al poeta en el prólogo a la edición italiana de *El manifiesto comunista*, en febrero de 1893: «¿Nos brindará Italia a un nuevo Dante que anuncie el nacimiento de la edad proletaria?», se pregunta Engels. Y a Balzac, cómo no. Marx admiraba su capacidad de prospectar en lo más profundo del alma humana y de las transformaciones sociales de su tiempo.

El yerno de Marx, Paul Lafargue, autor de aquel visionario ensayo, *El derecho a la pereza*, citó en determinada ocasión la predilección del viejo Karl por una obra del escritor francés, *La obra maestra desconocida*, en la que el filósofo de Tréveris se veía milagrosamente reflejado. Decía Lafargue: «En esta obra un pintor genial se atormenta de tal forma por el deseo de reproducir las cosas tan exactamente como se reflejan en su mente, que pule y retoca su cuadro una y otra vez hasta que al fin resulta que no ha creado sino una masa informe de colores, la cual sin embargo representa a sus ojos velados la más perfecta reproducción de la realidad».

Quizás a través de ese mismo prisma, el de una obra en perpetuo crecimiento y transformación, sea más apropiado abordar, hoy día, la lectura de *El manifiesto comunista* de Marx y Engels. No como un dogma estático, imperturbable, monocolor, anclado en su propia razón, sino como una clave interpretativa, tan borrosa como exacta, que nos permite pulir y retocar, una y otra vez, nuestra visión del mundo y de las cosas.

En este sentido, *El manifiesto comunista* es uno de esos libros mágicos e inagotables, nacidos para perdurar, que consiguen retratar la realidad y, al mismo tiempo, transfigurarla.

Creo que Marx y Engels fueron, ellos mismos, conscientes de la condición procesual de su obra, o por lo menos de la impredecible variabilidad de una ecuación, que, en nombre del comunismo y de un ideal revolucionario, se resuelve con la derogación de las verdades eternas y la conquista de una democracia genuina. Así se ha ido reflejando en los diferentes prólogos a las ediciones internacionales del libro: un juego de muñecas rusas que esconde, en su interior, los subtextos y paratextos que lo conforman.

Aproximarse, con este prefacio, a esa genealogía interpretativa es, además de una responsabilidad, un orgullo, encarnado en un profundo respeto y admiración por las voces y las aportaciones de Marta Sanz, Wendy Lynne Lee, José Saramago, Santiago Alba Rico, Iván de la Nuez y José Ovejero, al cargo de la edición y de la traducción.

* * *

José Mesa y Leompart, al frente de *La Emancipación* de Madrid, semanario en el que también participó el ferrolano Pablo Iglesias, fue, en 1872, el autor de la primera versión de *El manifiesto comunista* publicada en España. Ese texto no procede directamente del original alemán sino que atravesó, previamente, el francés y el inglés para llegar a nuestro idioma.

La redacción de *El Socialista*, en la calle Hernán Cortés, n.º 8, de Madrid, vio nacer, en 1886, otra de las primeras ediciones de *El manifiesto comunista* en España. El edificio no existe ya y nada, en esa estrecha vía, perpendicular a la calle Fuencarral, sitúa en aquel lugar el origen de la proclama solidaria de Marx y Engels. Reivindicar tal memoria es una tarea política, al parecer impensable en una capital amnésica, cuyos gobernantes no han dudado en retirar del espacio público las placas y honores al socialista Francisco Largo Caballero.

Conmueve pensar en aquellos primeros ejemplares, hojas de papel, volando de mano en mano, guardadas, como oro en paño, bajo el uniforme de trabajo o en los pliegues de una falda. Palabras grabadas para siempre en las pupilas y en los corazones de aquellas mujeres y aquellos hombres cuya esperanza nos debe aún hoy interpelar, pues su esperanza es, al fin y al cabo, la misma que la nuestra.

El «tiempo del ahora», afirmaba Walter Benjamin, es ese momento concreto en el que el pasado colisiona con el presente y resurge en él. Quizás como esa gran ola que se gesta lejos de la orilla, donde no alcanza la vista, en el medio del mar, y que acaba por romper en la roca bajo nuestros pies. Ahora.

Esta nueva entrega del *Manifiesto* es, en ese sentido, un acto de memoria y de redención, que se suma, felizmente, a la conmemoración este año del centenario del Partido Comunista de España. Un PCE, fundado en 1921, que sufriría, a lo largo de su convulsa vida, guerras, represión, exilio y clandestinidad.

En todo ese tiempo, *El manifiesto comunista* ha continuado desarrollando su carácter programático, al compás del siglo, de las crisis económicas globales y de las grandes revoluciones. Enfrente ha estado siempre el capitalismo, en cualquiera de sus diversas y voraces mutaciones, dispuesto fagocitar, corromper y desintegrar la misma realidad que lo constituye, pero sin poder escapar nunca a las teorías de Marx y al poder transformador de este texto. Un libro que nos habla de utopías, encriptadas en nuestro presente, y en el que late, hoy como ayer, una tan vital como apasionada defensa de la democracia y la libertad.

El manifiesto comunista

Un fantasma recorre Europa: el fantasma del comunismo. Todas las potencias de la vieja Europa se han aliado en santa cacería contra ese fantasma: el papa y el zar, Metternich y Guizot, los radicales franceses y los policías alemanes.

¿Dónde podríamos encontrar un partido de oposición que no haya sido tildado de comunista por sus adversarios en el gobierno? ¿Y dónde un partido de oposición que no haya lanzado el estigma del comunismo contra otros miembros de la oposición más progresistas o contra sus rivales reaccionarios?

De aquí podemos extraer dos conclusiones.

Todas las potencias europeas reconocen ya el comunismo como potencia.

Ha llegado la hora de que los comunistas expongan abiertamente ante todo el mundo sus ideas, sus objetivos y sus tendencias y que así ellos mismos opongan un manifiesto del partido contra el cuento del fantasma del comunismo.

Con este objetivo se han reunido en Londres comunistas de las más diversas nacionalidades y redactado el siguiente manifiesto, que será publicado en inglés, francés, alemán, italiano, flamenco y danés.

I
BURGUESES Y PROLETARIOS

La historia de todas las sociedades que han existido es la historia de la lucha de clases.

El hombre libre y el esclavo, el patricio y el plebeyo, el barón y el siervo, el maestro y el oficial, en resumen, el opresor y el oprimido se encontraban en un continuo antagonismo, libraban sin cesar una batalla, a veces soterrada, a veces abierta, una batalla que siempre terminaba con la transformación revolucionaria de toda la sociedad o con la ruina común de las clases en liza.

En épocas más tempranas de la historia encontramos en casi todas partes sociedades articuladas por completo en varios estamentos, que forman una compleja escala de las distintas posiciones sociales. En la antigua Roma tenemos patricios, caballeros, plebeyos, esclavos; en la Edad Media, señores feudales, vasallos, maestros, oficiales, siervos; y además cada una de esas clases contiene varias gradaciones.

La sociedad burguesa moderna, que surgió del hundimiento de la sociedad feudal, no ha puesto fin a las diferencias de clase. Tan sólo ha instalado nuevas clases, nuevas condiciones de opresión y nuevas formas de lucha en lugar de las antiguas.

Sin embargo, nuestra época, la época de la burguesía, se caracteriza por una simplificación de las diferencias de clase. Toda la sociedad se ha ido dividiendo progresivamente en dos grandes bandos antagónicos, en dos grandes clases que se encuentran en oposición directa: la burguesía y el proletariado.

De los siervos medievales salieron los villanos libres de las primeras ciudades, y de ellos surgieron los primeros miembros de la burguesía.

El descubrimiento de América y la circunnavegación de África ofrecieron nuevos territorios a la burguesía emergente. Los mercados de las Indias Orientales y de China, la colonización de América, el comercio con las colonias, la multiplicación de los instrumentos de cambio y por supuesto de las mercancías dieron un impulso inaudito al comercio, a la navegación y a la industria y propiciaron modernos no es más que un comité que administra los negocios comunes de toda la clase burguesa.

La burguesía ha desempeñado un papel extremadamente revolucionario en la historia.

La burguesía, allí donde ha llegado al poder, ha destruido todas las relaciones feudales, patriarcales e idílicas. Ha hecho trizas sin piedad los lazos variopintos que unían al ser humano con sus «superiores naturales» y no ha dejado en pie más vínculo entre hombre y hombre que el puro interés, el frío pago en metálico. Ha ahogado el sagrado escalofrío del fervor religioso, del ardor caballeresco y de la melancolía pequeñoburguesa en las heladas aguas del cálculo egoísta. Ha disuelto la dignidad personal en el valor de cambio y, en lugar de las numerosas libertades justamente obtenidas y garantizadas por escrito, ha instalado una *única* libertad: la libertad de comerciar sin escrúpulos. En resumen, ha sustituido la explotación disfrazada mediante ilusiones religiosas y políticas por la explotación franca, desvergonzada, directa y descarnada.

La burguesía ha despojado de su aura de santidad a todas las actividades que hasta ahora eran consideradas honorables y miradas con piadoso arrobo. Ha transformado en asalariados suyos al médico, al jurista, al clérigo, al poeta, al hombre de ciencia.

La burguesía ha arrancado el velo de sentimentalismo conmovedor a las relaciones familiares y las ha reducido a meras relaciones económicas.

La burguesía ha revelado cómo el uso brutal de la fuerza, que tanto admiran los reaccionarios a la Edad Media, tenía su complemento perfecto en la más pura holgazanería. Ella fue la primera que demostró lo que puede lograr la actividad humana: ha erigido maravillas muy distintas de las pirámides egipcias, las canalizaciones romanas y las catedrales góticas, y ha desencadenado campañas que van más allá de las invasiones germánicas y las cruzadas.

La burguesía no puede existir sin revolucionar constantemente los instrumentos de producción, es decir, las relaciones de producción, es decir, el conjunto de las relaciones sociales. En cambio, la conservación tal cual de las formas de producción tradicionales era la base de la existencia de todas las anteriores clases industriales. La un rápido desarrollo de las fuerzas revolucionarias en una socied: feudal en plena decadencia.

Las antiguas formas de producción feudales o gremiales la industria ya no podían satisfacer la creciente demanda de l nuevos mercados. La manufactura tomó el relevo. Los pequeño: medianos industriales ocuparon el lugar de los maestros, y la di sión del trabajo entre las corporaciones gremiales dejó paso a división del trabajo dentro de cada taller.

Pero los mercados siguieron creciendo, como siguió creciendo demanda. La manufactura ya no daba abasto. Entonces el vapo las máquinas revolucionaron la producción industrial. La gran dustria moderna vino a sustituir a los talleres manufactureros, y pequeños y medianos industriales fueron desplazados por los mil narios de la industria, jefes de auténticos ejércitos industriales: burgueses modernos.

Es esa gran industria la que ha creado el mercado mundial que el descubrimiento de América le había preparado el terreno mercado mundial propició un crecimiento extraordinario del mercio, de la navegación y de las comunicaciones por tierra. Y (repercutió sobre el desarrollo de la industria; a medida que se de rrollaban la industria, el comercio, la navegación y el ferrocarri hacía también la burguesía, se multiplicaba su capital y empujab un segundo plano a las clases heredadas de la Edad Media.

Vemos entonces que la burguesía moderna es producto de largo proceso de desarrollo, de una sucesión de profundas trans maciones de las formas de producción y de transporte.

Cada una de las etapas del desarrollo de la burguesía iba ac(pañada por el correspondiente avance político. Fue estamento o mido bajo la dominación de los señores feudales, asociación en munas armadas y autogestionadas, en algunos sitios ciudad-est independiente, en otros tercer estado sujeto a tributación baj monarquía; luego, en tiempos de la manufactura, contrapes la aristocracia tanto en las monarquías estamentales como en absolutas, siempre sustrato fundamental de las grandes mo quías; y finalmente, desde la formación de la gran industria y mercado mundial, fue conquistando la hegemonía política excl va en el Estado representativo moderno. El gobierno en los Esta época de la burguesía se distingue de todas las demás por trastocar sin cesar la producción y por desbaratar todos los aspectos de la sociedad, así como por una inseguridad y mutación continuas. Se disuelven todas las estructuras que eran sólidas y rígidas con su séquito de ideas y principios venerables del pasado, mientras que las nuevas se vuelven obsoletas antes de llegar a anquilosarse. Se evapora todo lo estamental y lo establecido, se profana lo más sagrado, y al final los seres humanos se ven obligados a examinar sobriamente su situación y su relación con los demás.

La necesidad de dar cada vez más salidas a sus productos empuja a la burguesía a recorrer todo el planeta. En todas partes tiene que instalarse, en todas invertir, y crear conexiones aquí y allá.

La burguesía, mediante la explotación del mercado mundial, ha vuelto cosmopolitas la producción y el consumo de todos los países. Muy a pesar de los reaccionarios, ha arrancado a la industria sus raíces nacionales. Las arcaicas industrias nacionales han sido aniquiladas y siguen siéndolo a diario. Son desplazadas por nuevas industrias, cuya introducción se ha convertido en cuestión vital para todas las naciones civilizadas; y estas nuevas industrias ya no transforman las materias primas locales sino las de las regiones más remotas, y sus artículos no se consumen ya sólo en el propio país sino en todos los rincones del mundo. En lugar de las necesidades que se satisfacían con producto local, aparecen nuevas, que ya sólo pueden aplacar productos de regiones y climas lejanos. La autosuficiencia y el aislamiento nacional y local son sustituidos por el intercambio comercial y por la interdependencia de todas las naciones. Y en la producción intelectual sucede exactamente igual que en la material. La producción intelectual de las distintas naciones se convierte en acervo común. Los particularismos y la limitación de miras nacionales se van volviendo progresivamente imposibles; las numerosas literaturas nacionales y locales están dando lugar a una literatura mundial.

La burguesía está empujando a civilizarse a todas las naciones, incluso a las más bárbaras, gracias a la rápida mejora de todos los instrumentos de producción y a las comunicaciones infinitamente más fáciles. Los precios ventajosos de sus mercancías son la artillería pesada con la que está reduciendo a escombros todas las murallas chinas y con la que fuerza a capitular al más recalcitrante odio que los bárbaros profesan a los extranjeros. Obliga a todas las naciones a adoptar las formas de producción de la burguesía so pena de verse arruinadas; las obliga a introducir la llamada civilización en sus países, es decir, a volverse burguesas. En una palabra, crea un mundo a su imagen y semejanza.

La burguesía ha sometido el campo al dominio de la ciudad. Ha levantado ciudades enormes, ha aumentado notablemente el número de habitantes urbanos en comparación con los rurales, arrancando así a gran parte de la población a las idiosincrasias de la vida rural. Igual que ha vuelto dependiente al campo de la ciudad, también ha hecho dependientes a los países bárbaros y semi bárbaros de los civilizados, a los pueblos campesinos de los pueblos burgueses, a Oriente de Occidente.

La burguesía está eliminando progresivamente la fragmentación de los medios de producción, de la propiedad y de la población. Ha aglomerado a la población, centralizado los medios de producción y concentrado la propiedad en pocas manos. Consecuencia necesaria de todo ello ha sido la centralización política. Provincias independientes, unidas casi tan sólo en alianzas, con intereses, legislación, gobiernos y aranceles aduaneros diferentes, fueron aglomeradas en una sola nación, un gobierno, una legislación, un interés nacional de clase, una frontera aduanera.

La burguesía, en los apenas cien años de su hegemonía de clase, ha generado fuerzas productivas más ingentes y colosales que todas las generaciones anteriores juntas. Sometimiento de las fuerzas de la naturaleza, maquinaria, aplicación de la química a la industria y la agricultura, navegación a vapor, ferrocarriles, telegrafía eléctrica, roturación de regiones enteras del mundo, volver navegables los ríos, levantar de la nada poblaciones enteras: ¿qué siglo anterior pudo imaginar que tales fuerzas productivas dormitaran en el seno del trabajo de las sociedades?

Ya lo hemos visto: los medios de producción y de transporte que constituyeron la base para la formación de la burguesía fueron creados en la sociedad feudal. A partir de cierta etapa del desarrollo de esos medios de producción y transporte, las condiciones en las que la sociedad feudal producía y comerciaba, la organización feudal de la agricultura y de la manufactura, es decir, las formas de propiedad, ya no se correspondían con las fuerzas productivas que se habían desarrollado. Frenaban la producción en lugar de impulsarla. Se convirtieron en otras tantas ataduras. Había que romperlas, y se rompieron.

Su lugar lo ocupó la libre competencia de la mano de una constitución social y política a su medida, con el dominio económico y político de la clase burguesa.

Un proceso parecido está teniendo lugar ante nuestros ojos. Los sistemas de producción y de transporte burgueses, las formas de propiedad burguesas, en suma, la sociedad moderna burguesa, que se sacó de la chistera tan colosales medios de producción y de transporte, se asemeja al hechicero que es incapaz de dominar las fuerzas del inframundo que él mismo ha conjurado. Desde hace décadas, la historia de la industria y del comercio no es más que la historia de la rebelión de las fuerzas productivas modernas contra las condiciones modernas de producción, contra los modelos de propiedad que son la base imprescindible para la existencia de la burguesía y para su hegemonía. Baste mencionar las crisis comerciales que, con sus apariciones cíclicas, cuestionan la existencia de la sociedad burguesa de forma cada vez más amenazadora. Durante las crisis comerciales se destruye regularmente no sólo gran parte de lo producido, sino también de las fuerzas productivas ya generadas. En las crisis se declara una epidemia social que habría parecido totalmente absurda en todas las épocas pasadas: la epidemia de la sobreproducción. De pronto la sociedad se ve devuelta a un estado pasajero de barbarie: pareciera que una hambruna o una guerra total de aniquilación le hubiesen privado de alimentos; la industria y el comercio parecen haber sido devastados, y ¿por qué? Porque la sociedad posee demasiada civilización, demasiados alimentos, demasiada industria, demasiado comercio. Las fuerzas productivas de las que dispone han dejado de servir para fomentar el modelo burgués de propiedad. Al contrario, se han vuelto demasiado descomunales para dicho modelo, que se ha convertido en obstáculo; y en cuanto superan el obstáculo traen el desorden a toda la sociedad burguesa, ponen en peligro la existencia de la propiedad burguesa. Las condiciones burguesas se han vuelto demasiado estrechas como para poder contener las riquezas producidas. ¿Cómo supera la burguesía las crisis? Por un lado, mediante la destrucción forzosa de una gran cantidad de fuerzas productivas; por otro, conquistando nuevos mercados y explotando más a fondo los antiguos. ¿Cómo, entonces? Preparando crisis más generalizadas y más profundas y reduciendo los medios para prevenirlas.

Las armas con las que la burguesía derrotó al feudalismo se dirigen ahora contra la burguesía misma.

Pero la burguesía no sólo ha forjado las armas que la aniquilan, también ha engendrado a los hombres que empuñarán dichas armas: los obreros modernos, los *proletarios*.

En la misma medida en la que se desarrolla la burguesía, es decir, el capital, se desarrolla también el proletariado, la clase de los obreros modernos, que sólo pueden vivir cuando encuentran trabajo, y que sólo encuentran trabajo cuando éste hace crecer el capital. Esos obreros, obligados a venderse día a día, son una mercancía como cualquier otro artículo comercial y están por tanto sometidos igualmente a los avatares de la competencia y a todas las fluctuaciones del mercado.

Debido al aumento del uso de maquinaria y a la división del trabajo, el trabajo de los proletarios ha perdido para ellos su carácter independiente y con ello cualquier atractivo. El obrero se convierte en un mero accesorio de la máquina, del que sólo se espera la manipulación más sencilla, monótona y fácil de aprender. Así, los costes producidos por el obrero se limitan casi exclusivamente a los alimentos que necesita para su sustento y para la reproducción de su especie. Pero el precio de una mercancía, y por tanto también del trabajo, es igual a sus costes de producción. Así que cuanto más desagradable se vuelve el trabajo, más disminuye el salario. No sólo eso, cuanto más aumentan el uso de maquinaria y la división del trabajo, más crece el volumen de trabajo, bien debido a la ampliación de la jornada laboral, bien debido al incremento del trabajo que se exige en un plazo determinado, bien por la aceleración del funcionamiento de la máquina, etc.

La industria moderna ha transformado el pequeño taller del maestro patriarcal en la gran fábrica de los capitalistas industriales. Las masas de trabajadores, hacinadas en la fábrica, quedan organizadas al estilo militar. Y, como soldados rasos industriales, están sometidos a la vigilancia de toda una jerarquía de suboficiales y oficiales. No sólo son los esclavos de la clase burguesa, del Estado burgués, sino que cada día y cada hora son esclavizados por la máquina, por el capataz y sobre todo por el fabricante burgués individual. Ese despotismo resulta tanto más mezquino, odioso y exasperante cuanto más claramente revela que su finalidad es el comercio.

Cuanta menos habilidad y fuerza exige el trabajo manual, es decir, cuanto más se desarrolla la industria moderna, más se sustituye el trabajo de los hombres por el de las mujeres. Las diferencias de edad y sexo en la clase obrera se han vuelto socialmente irrelevantes. Ya sólo existen los instrumentos de trabajo, que provocan costes distintos dependiendo de la edad y del sexo.

Alcanzado el momento en el que el obrero recibe su salario y termina su explotación por el fabricante, se lanzan sobre él los demás componentes de la burguesía: el casero, el tendero, el prestamista, etc.

Quienes antes componían las clases medias, los pequeños industriales, comerciantes y rentistas, los artesanos y los campesinos, todas esas clases acaban sumiéndose en el proletariado, en parte porque su reducido capital no alcanza para el funcionamiento de la gran industria y sucumbe a la competencia con los capitalistas más grandes, y en parte porque sus habilidades se ven devaluadas por las nuevas formas de producción. Así, el proletariado se recluta de entre todas las clases de la población.

El proletariado atraviesa varias fases de desarrollo. Su lucha contra la burguesía comienza con su existencia.

Al principio cada obrero lucha por separado, después lo hacen los obreros de una fábrica, más tarde los obreros de un ramo laboral en un lugar concreto contra un burgués concreto que los explota directamente. No dirigen sus ataques sólo contra las condiciones burguesas de producción, sino contra los propios instrumentos de producción: destruyen las mercancías foráneas que les hacen la competencia, destrozan las máquinas, prenden fuego a las fábricas, pretenden recuperar la posición perdida del trabajador medieval.

En esta fase, los obreros son una masa dispersa por todo el país y dividida por la competencia. Si los obreros cooperan a gran escala no lo hacen todavía como consecuencia de su unidad, sino como consecuencia de la unidad de la burguesía, que tiene que movilizar a todo el proletariado –y aún puede hacerlo temporalmente– para alcanzar sus propios objetivos políticos. En esta fase, entonces, los proletarios no luchan contra sus enemigos, sino contra los enemigos de sus enemigos: los restos de la monarquía absoluta, los terratenientes, los burgueses no industriales, los pequeñoburgueses. De este modo, todo este movimiento histórico se encuentra concentrado en manos de la burguesía: cada victoria así obtenida es una victoria de la burguesía.

Pero, con el desarrollo de la industria, el proletariado no sólo aumenta numéricamente; también se concentra en masas más grandes, se acrecientan sus fuerzas y las puede sentir más claramente. Los intereses y las condiciones de vida del proletariado son cada vez más homogéneos, porque la maquinaria va difuminando las diferencias en el trabajo y los salarios se equiparan en todas partes a la baja. La competencia creciente entre los burgueses y las crisis comerciales resultantes provocan mayores fluctuaciones en los salarios de los obreros; la constante mejora de la maquinaria, cada vez más rápida, vuelve más incierta su existencia; y los choques entre obreros individuales y burgueses individuales van adquiriendo progresivamente rasgos de un choque entre dos clases. Los obreros comienzan a formar coaliciones contra los burgueses; se unen en defensa de sus salarios. Fundan asociaciones permanentes con el fin de abastecerse para sublevaciones ocasionales. Aquí y allá la lucha da lugar a amotinamientos.

Los obreros triunfan de vez en cuando, pero sólo de manera transitoria. El auténtico resultado de sus combates no es el éxito inmediato, sino la creciente unidad de los trabajadores que se extiende cada vez más, favorecida por el desarrollo de los medios de comunicación creados por la industria, que ponen en contacto a los obreros de distintas localidades. Esa conexión basta para centralizar las numerosas luchas locales, que en todas partes revisten el mismo carácter, en una lucha nacional, en una lucha de clases. Pero toda lucha de clases es una lucha política. Y los proletarios modernos, con sus ferrocarriles, consiguen en pocos años la unidad para la que los ciudadanos del medievo, con sus caminos vecinales, necesitaron siglos.

Esa organización de los proletarios como clase y, por consecuencia, como partido político, se rompe una y otra vez por culpa de la competencia entre los propios obreros. Pero también resurge siempre de nuevo, más fuerte, más sólida, más poderosa. Aprovechándose de las divisiones de la burguesía, impone el reconocimiento jurídico de intereses concretos de los obreros. Un ejemplo lo tenemos en la ley sobre la jornada de diez horas en Inglaterra.

Además, las confrontaciones de la sociedad del pasado favorecen de muchas maneras el desarrollo del proletariado. La burguesía está sumida en peleas constantes: al principio contra la aristocracia; después contra sectores de la propia burguesía, cuyos intereses habían entrado en contradicción con el progreso industrial; siempre contra la burguesía de todos los demás países. Y en todas esas peleas se ve obligada a apelar al proletariado, a solicitar su ayuda, arrastrándolo así al proceso político. Así que es ella la que aporta al proletariado los medios para formarse, es decir, le entrega las armas contra sí misma.

Por otro lado, como hemos visto, los avances de la industria arrojan a sectores enteros de la clase dominante a las filas del proletariado, o por lo menos amenazan sus condiciones de vida. También estos sectores aportan al proletariado numerosos elementos para su formación.

Finalmente, en tiempos en los que la lucha de clases se acerca al momento decisivo, el proceso de disolución en el seno de la clase dominante y en el seno de la vieja sociedad asume un carácter tan estridente y violento, que una pequeña porción de la clase dominante se separa de ella y se une a la clase revolucionaria, la clase que tiene el futuro en sus manos. Igual que antaño una parte de la nobleza se puso del lado de la burguesía, ahora una parte de la burguesía se pone del lado del proletariado, y en particular un sector de los ideólogos burgueses, que habían ido profundizando en la comprensión teórica de toda la evolución histórica.

De todas las clases que están hoy enfrentadas a la burguesía sólo el proletariado es una clase verdaderamente revolucionaria. Las demás se desmoronan y desaparecen ante la gran industria, cuyo producto más genuino es el proletariado.

La clase media, el pequeño industrial, el pequeño comerciante, el artesano, el campesino, todos ellos luchan contra la burguesía para evitar el derrumbe de su forma de vida como clase media. No son entonces revolucionarios, sino conservadores. Más aún, son reaccionarios, pretenden que la rueda de la historia gire en sentido inverso. Cuando son revolucionarios, lo son sólo porque piensan en su inminente absorción por el proletariado, así que no están defendiendo sus intereses actuales sino los futuros, por los que abandonan sus puntos de vista propios para asumir los del proletariado.

A veces, una revolución proletaria arrastra al lumpenproletariado, esa descomposición pasiva de las capas inferiores de la vieja sociedad, a participar parcialmente en el curso de los acontecimientos, pero su forma y sus condiciones de vida harán que esté más dispuesto a dejarse sobornar por las intrigas reaccionarias.

Las condiciones de vida de la vieja sociedad han sido destruidas y subsumidas en las condiciones de vida del proletariado. El proletario carece de propiedad; su relación con la mujer y los hijos ya no tiene nada en común con las relaciones familiares de la burguesía; el trabajo industrial moderno, la sujeción moderna al yugo del capital, en Inglaterra como en Francia, en América como en Alemania, lo ha despojado de cualquier carácter nacional. Las leyes, la moral y la religión son para él prejuicios burgueses tras los que se esconden otros tantos intereses burgueses.

Todas las clases que conquistaron el poder en el pasado se esforzaron por salvaguardar la posición adquirida sometiendo a la sociedad a las condiciones en las que obtenían sus ganancias. Los proletarios sólo podrán conquistar las fuerzas productivas de la sociedad aboliendo su forma de apropiación, es decir, aboliendo todas las formas de apropiación del pasado. Los proletarios no poseen nada suyo que preservar y tienen que destruir todas las seguridades y todas las garantías privadas que existen hoy.

Todos los movimientos pasados fueron movimientos de minorías o en interés de minorías. El movimiento proletario es el movimiento independiente de la inmensa mayoría en interés de la inmensa mayoría. El proletariado, el estrato más bajo de la sociedad actual, no puede alzarse, no puede erguirse sin hacer saltar por los aires la superestructura completa de los estratos que forman la sociedad actual.

Aunque no por su contenido, sí por su forma, la lucha del proletariado contra la burguesía es al inicio una lucha nacional. Naturalmente, el proletariado de cada país debe primero derrotar a su propia burguesía.

Al esbozar las fases más generales del desarrollo del proletariado, hemos seguido la evolución de la guerra civil más o menos soterrada que se libra en la sociedad hasta el momento en el que estalla una revolución abierta, cuando el proletariado establece su hegemonía mediante el derribo violento de la burguesía.

Todas las sociedades pasadas descansaban, como ya hemos visto, en la oposición entre las clases opresoras y las oprimidas. Pero para poder oprimir a una clase hay que ofrecerle las condiciones que le permitan al menos llevar una existencia servil. El siervo consiguió adquirir la condición de miembro de una comuna en la época de la servidumbre, igual que el pequeñoburgués logró llegar a burgués bajo el yugo del absolutismo feudal. Sin embargo, el obrero moderno, en lugar de elevarse con el progreso de la industria, se hunde cada vez más por debajo de las condiciones de vida de su propia clase. El obrero se pauperiza, y la pauperización crece aún más deprisa que la población y la riqueza. Así, se pone de manifiesto que la burguesía es incapaz de mantenerse como clase dominante y de imponer a la sociedad las leyes que fijan sus propias condiciones de vida como clase. Es incapaz de dominar porque es incapaz de garantizar a su esclavo una existencia incluso dentro de su esclavitud, porque se ve obligada a dejarle hundirse en una situación en la que tiene que alimentarlo en lugar de ser alimentada por él. La sociedad ya no puede vivir sometida a la burguesía, es decir, la vida de esta ya no es compatible con la sociedad.

La condición esencial para la existencia y para la dominación de la clase burguesa es la acumulación de riquezas en manos de particulares, la creación y multiplicación del capital; la condición del capital es el trabajo asalariado. El trabajo asalariado reposa exclusivamente sobre la competencia de unos trabajadores con otros. El progreso de la industria, cuyo sostén entregado y sumiso es la burguesía, en lugar de aislar a los trabajadores mediante la competencia, provoca su unidad revolucionaria mediante la asociación. Así, con el desarrollo de la gran industria la burguesía se ve privada de la base sobre la que se asienta, la base sobre la que produce y se apropia de los productos. Lo que está produciendo es, sobre todo, a sus propios sepultureros. Tanto su caída como la victoria del proletariado son inevitables.

II
PROLETARIOS Y COMUNISTAS

¿Y cuál es la relación entre proletarios y comunistas?

Los comunistas no son un partido especial en comparación con los demás partidos obreros.

No tienen intereses aparte de los intereses de todo el proletariado.

No plantean principios particulares con los que quieran moldear el movimiento proletario.

Los comunistas sólo se diferencian de los demás partidos proletarios, por un lado, en que en las diversas luchas nacionales de los proletarios realzan y ponen de manifiesto los intereses comunes, independientes de la nacionalidad, de todo el proletariado; y por otro lado, porque siempre representan los intereses del movimiento en su conjunto durante las distintas fases que atraviesa la lucha entre proletariado y burguesía.

Así, en la práctica, los comunistas son el sector más decidido y que más empuja a seguir avanzando de entre los partidos obreros de todos los países; se adelantan al resto de la masa del proletariado en la comprensión teórica de las condiciones, del avance y de los resultados globales del movimiento proletario.

El próximo objetivo de los comunistas es el mismo que el de todos los demás partidos proletarios: la transformación del proletariado en clase, acabar con la dominación de la burguesía y la conquista del poder político por el proletariado.

Los principios teóricos de los comunistas no se basan en absoluto en ideas y principios inventados o descubiertos por tal o cual idealista.

Son tan sólo la expresión general de las condiciones concretas de la lucha de clases existente, un movimiento histórico que está transcurriendo ante nuestros ojos. La abolición de todas las formas de propiedad anteriores no es un rasgo exclusivo del comunismo.

Todas las formas de propiedad han estado sometidas a una transformación histórica constante, a una permanente evolución. Por ejemplo, la Revolución francesa abolió la propiedad feudal en favor de la burguesa.

Lo que caracteriza al comunismo no es la abolición de la propiedad en sí, sino la abolición de la propiedad burguesa.

Pero la moderna propiedad privada burguesa es la expresión más reciente y perfecta de la fabricación y apropiación de los productos, basada en las diferencias de clase, en la explotación de una clase por otra.

En este sentido, los comunistas pueden resumir su teoría en una sola idea: la abolición de la propiedad privada.

A los comunistas se nos ha acusado de pretender abolir la propiedad obtenida por el individuo mediante su propio esfuerzo: una propiedad que es la base de toda libertad, actividad y autonomía personales.

¡La propiedad obtenida merecidamente con el esfuerzo! ¿Estáis hablando de la propiedad pequeñoburguesa y de la del pequeño campesinado que precedió a la propiedad burguesa? Esa no necesitamos abolirla: el desarrollo industrial ya lo ha hecho y lo hace cada día.

¿O estáis hablando de la propiedad privada burguesa moderna?

Pero ¿le genera alguna propiedad al proletario el trabajo asalariado, su trabajo? En absoluto. Genera capital –esto es, propiedad– que explota el trabajo asalariado, y que sólo puede multiplicarse creando más trabajo asalariado para explotar también este. La propiedad en su forma actual se mueve en la oposición entre capital y trabajo asalariado. Examinemos los dos lados de esta oposición.

Ser capitalista no significa tan sólo ocupar una posición puramente personal en la producción, sino una posición social. El capital es un producto de la comunidad y sólo puede ponerse en movimiento mediante una actividad conjunta de muchos miembros, más aún, en última instancia sólo puede hacerlo mediante la actividad conjunta de todos los miembros de la sociedad.

El capital, entonces, no es un poder personal sino un poder social.

Y cuando el capital es transformado en propiedad común, perteneciente a todos los miembros de la sociedad, no se está transformando propiedad personal en propiedad social. Tan sólo cambia el carácter social de la propiedad: pierde su carácter de clase.

Pasemos al trabajo asalariado.

El precio medio del trabajo asalariado es el salario mínimo, es decir, la suma de los medios de subsistencia necesarios para mantener con vida al obrero como tal. Aquello, entonces, de lo que se apropia el obrero asalariado mediante su actividad sólo alcanza a reproducir su posibilidad de existir. No tenemos la menor intención de abolir esa apropiación personal de los productos del trabajo cuyo fin es reproducir la existencia inmediata, una apropiación que no deja una ganancia neta que podría otorgar poder sobre el trabajo ajeno. Sólo queremos abolir el carácter miserable de esa apropiación, en la que el obrero sólo vive para hacer crecer el capital, sólo vive en la medida que lo permiten los intereses de la clase dominante.

En la sociedad burguesa, el trabajo vivo es sólo un medio para multiplicar el trabajo acumulado.[1] En la sociedad comunista el trabajo acumulado es sólo un medio para ampliar, enriquecer y fomentar el proceso vital de los trabajadores.

Así que en la sociedad burguesa el pasado impera sobre el presente, mientras que en la comunista el presente impera sobre el pasado. En la sociedad burguesa el capital es independiente y per-

---

1. Por «trabajo vivo» se entiende el trabajo que realizan los obreros; mientras que el «trabajo acumulado» es equivalente al capital –materias primas, herramientas, alimentos producidos–, esto es, a trabajo que puede usarse para seguir produciendo. *(N. del T.)*

sonal, mientras que el individuo que trabaja es dependiente e impersonal.

¡Y la burguesía llama abolición de la personalidad y de la libertad a la abolición de esa situación! Razón tiene. Ahora bien, de lo que se trata es de la abolición de la personalidad, la independencia y la libertad burguesas.

Dentro del actual sistema burgués de producción la libertad se entiende como libertad de comercio, como compra y venta libres.

Pero si desaparece el mercadeo, desaparece también la libertad de mercadear. Los discursos sobre la libertad para mercadear, como todas las sonoras palabras de nuestra burguesía sobre la libertad, tienen sentido en todo caso si pensamos en el mercadeo maniatado, en el ciudadano sojuzgado de la Edad Media, pero no lo tienen frente a la abolición comunista del mercadeo, del sistema de producción burgués y de la propia burguesía.

Os escandaliza que deseemos abolir la propiedad privada. Pero en vuestra sociedad actual la propiedad privada ya está abolida para las nueve décimas partes de sus miembros; precisamente existe gracias a que no lo hace para nueve décimas partes. Nos reprocháis, entonces, que queramos abolir una propiedad cuyo requisito imprescindible es que la aplastante mayoría de la sociedad no posea nada.

En pocas palabras, nos reprocháis que queramos abolir vuestra propiedad. Pues bien, eso es lo que queremos.

Desde el momento en el que el trabajo no pueda convertirse en poder social monopolizable bajo la forma de capital, dinero y rentas, es decir, desde el momento en el que la propiedad personal no pueda convertirse en propiedad burguesa, desde ese momento, afirmáis, se habrá abolido a la persona.

Así que confesáis que sólo entendéis como persona al burgués, al propietario burgués. Y en efecto esa persona debe ser abolida.

El comunismo no quita a nadie la facultad de apropiarse de productos de la sociedad, tan sólo quita la facultad de subyugar el trabajo ajeno mediante esa apropiación.

Se ha objetado que al suprimirse la propiedad privada se detendrá toda actividad y se extenderá una holgazanería generalizada.

De ser así, hace mucho que la sociedad burguesa debería haber sucumbido a la holgazanería; puesto que *quienes* trabajan en ella no ganan, y *quienes* ganan no trabajan. Toda la objeción se reduce a una tautología: que deja de haber trabajo asalariado desde el momento en el que no hay capital.

Todas las acusaciones dirigidas contra la forma de apropiación y de producción comunista de los productos materiales se extienden también a la apropiación y producción de productos intelectuales. Igual que para el burgués la desaparición de la propiedad clasista equivale a la desaparición de la producción en sí, también para él la desaparición de la cultura clasista es idéntica a la desaparición de toda cultura.

La cultura cuya pérdida lamenta es para la inmensa mayoría un adiestramiento para convertirse en máquina.

Pero no discutáis con nosotros aplicando a la eliminación de la propiedad burguesa el patrón de vuestras ideas burguesas de libertad, cultura, derecho, etc. Vuestras ideas mismas son producto del sistema de producción y de propiedad burgueses, de la misma manera que vuestro derecho sólo es la voluntad de vuestra clase elevada a ley, una voluntad cuyo contenido viene dado por las condiciones materiales de vida de vuestra clase.

Compartís con todas las clases dominantes pasadas esa idea interesada que os permite convertir vuestras formas de producción y de propiedad, que son situaciones históricas y transitorias dependientes de la evolución de la producción, en leyes eternas naturales y de la razón. Lo que admitís para la propiedad antigua, lo que admitís para la propiedad feudal, ya no podéis admitirlo para la propiedad burguesa.

¡Abolición de la familia! Incluso los más radicales se acaloran con esta infame propuesta de los comunistas.

¿Cuál es la base de la familia actual, de la familia burguesa?: el capital; la ganancia privada. Sólo existe plenamente desarrollada para la burguesía, pero está complementada por la carencia forzada de familia de los proletarios y por la prostitución pública.

La familia de los burgueses desaparece, como es lógico, si desaparece su complemento, y ambos desaparecen con la desaparición del capital.

¿Nos reprocháis querer abolir la explotación de los hijos por sus padres? Confesamos tamaño delito.

Pero, según vosotros, abolimos las relaciones más entrañables al sustituir la educación en el hogar por la de la sociedad.

Pero ¿no condiciona la sociedad vuestra educación? ¿No lo hacen las relaciones sociales, en cuyo seno educáis, y la intromisión de la sociedad más o menos directa a través de la escuela, etc.? Los comunistas no están inventando la influencia de la sociedad en la educación; tan sólo modifican su carácter, arrancan la educación a la influencia de la clase dominante.

Los discursos de la burguesía sobre familia y educación, sobre la íntima relación de padres e hijos son tanto más repugnantes cuanto más se rompen los lazos familiares de los proletarios a consecuencia de la gran industria y cuanto más se convierten los hijos en simples artículos comerciales e instrumentos de trabajo.

Pero vosotros los comunistas queréis instaurar la comunidad de mujeres, nos espeta toda la burguesía a coro.

El burgués ve a su esposa tan sólo como instrumento de producción. Ha oído que los instrumentos de producción deben ser explotados en común y naturalmente sólo puede pensar que las mujeres correrán esa misma suerte, la de ser socializadas.

No sospecha que de lo que se trata precisamente es de acabar con la situación de la mujer como mero instrumento de producción.

No hay nada más ridículo, por cierto, que ese gran escándalo moral de nuestros burgueses porque los comunistas, al parecer, pretenden compartir oficialmente las mujeres. Los comunistas no tienen que introducir la comunidad de mujeres, porque ha existido casi siempre.

Nuestros burgueses, no satisfechos con tener a su disposición a las esposas y las hijas de sus proletarios, por no hablar de la prostitución oficial, experimentan el mayor placer seduciendo a las esposas de los otros burgueses.

El matrimonio burgués es en realidad la comunidad de esposas compartidas. En todo caso podría reprocharse a los comunistas que quieran instaurar de manera abierta y oficial la comunidad de mujeres en lugar de una hipócrita comunidad encubierta. Por lo demás, es evidente que al abolir las condiciones actuales de producción también desaparecerá su correspondiente comunidad de mujeres, es decir, la prostitución oficial y la no oficial.

También se ha achacado a los comunistas pretender abolir la patria y la nacionalidad.

Los obreros no tienen patria. No se les puede quitar lo que no tienen. Inicialmente, el proletariado sigue siendo nacional en cuanto que tiene que conquistar el poder político, alzarse como clase nacional, constituirse como nación, pero de ningún modo lo es como lo entiende la burguesía.

Las divisiones y diferencias nacionales entre los pueblos han ido desapareciendo progresivamente con el desarrollo de la burguesía, con la libertad de comercio, el mercado mundial, la homogeneidad de la producción industrial y sus correspondientes formas de vida.

La hegemonía del proletariado hará que desaparezcan aún más. La acción conjunta, al menos en los países civilizados, es una de las condiciones primordiales de su emancipación.

En la medida en que se logre abolir la explotación de un individuo por otro se abolirá la explotación de una nación por otra.

Con el fin del enfrentamiento entre clases en cada nación termina la hostilidad entre las naciones.

No merece la pena examinar en más detalle las acusaciones hechas al comunismo desde puntos de vista religiosos, filosóficos e ideológicos.

¿Es preciso un examen más a fondo para entender que cuando se transforman la forma de vida de las personas, sus relaciones sociales, su misma existencia en la sociedad, también se transforman sus ideas, sus opiniones y conceptos, en resumen, su conciencia?

¿Qué otra cosa demuestra la historia de las ideas sino que la producción intelectual se modifica con la material? Las ideas dominantes de una época siempre fueron tan sólo las ideas de la clase dominante.

Se dice que hay ideas que revolucionan toda una sociedad; con ello sólo se está expresando el hecho de que dentro de la vieja sociedad se han formado los elementos de una nueva, de que la desaparición de las viejas ideas avanza al mismo paso que la desaparición de las viejas formas de vida.

Cuando se estaba descomponiendo el mundo antiguo, la religión cristiana derrotó a las viejas religiones. Cuando en el siglo XVIII las ideas cristianas fueron desplazadas por las ideas ilustradas, la sociedad feudal libró su agónico combate con la entonces revolucionaria burguesía. Las ideas de libertad de conciencia y de religión tan sólo expresaban la hegemonía de la libre competencia en la esfera del conocimiento.

«Pero –dirán algunos– ciertamente las ideas religiosas, morales, filosóficas, políticas, jurídicas, etc., se modificaron en el curso del desarrollo histórico; sin embargo, la religión, la moral, la filosofía, la política y el derecho se conservaron siempre en medio de ese cambio.

»Y además hay verdades eternas, como la libertad, la justicia, etc., que son comunes a todas las formas de sociedad. Pero el comunismo suprime las verdades eternas, suprime la religión, la moral, en lugar de darles nueva forma, con lo que contradice todos los procesos históricos del pasado.»

¿En qué se resume esta acusación? La historia de las sociedades que han existido hasta la fecha se basaba en antagonismos de clase, que asumían formas distintas en las distintas épocas. Pero, independientemente de la forma en la que se hiciese, todas las épocas pasadas coinciden en que una parte de la sociedad era explotada por otra. No es entonces sorprendente que la conciencia social de todos los siglos, a pesar de su diversidad y sus diferencias, coincida en ciertas formas comunes, en formas de conciencia que sólo desaparecerán por completo con la desaparición total de las diferencias de clase.

La revolución comunista supone la ruptura más radical con los modelos de propiedad tradicionales; es lógico entonces que durante su desarrollo haya roto de la manera más radical con las ideas tradicionales.

Pero olvidemos las críticas de la burguesía contra el comunismo.

Ya vimos antes que el primer paso en la revolución obrera es la elevación del proletariado a clase dominante, la conquista de la democracia.

El proletariado usará su hegemonía política para arrebatar progresivamente todo el capital a la burguesía y para reunir todos los instrumentos de producción en manos del Estado, es decir, en manos del proletariado organizado como clase dominante, y para hacer crecer cuanto antes el volumen de las fuerzas productivas.

Naturalmente, todo esto sólo podrá hacerse al principio mediante intervenciones despóticas en el derecho de propiedad y en el régimen de producción burgués, esto es, mediante medidas que se antojan insuficientes e insostenibles desde el punto de vista económico, pero que según avance el movimiento se proyectarán más allá de sí mismas y serán inevitables para reformar a fondo los sistemas de producción.

Por supuesto, estas medidas serán diferentes en los distintos países.

Sin embargo, en los países más avanzados las siguientes podrán aplicarse de forma bastante generalizada:

1. Expropiación de la tierra y asignación de sus rentas a los gastos del Estado.
2. Impuestos fuertemente progresivos.
3. Abolición del derecho de herencia.
4. Confiscación de los bienes de todos los emigrados[1] y sediciosos.
5. Centralización del crédito en manos del Estado a través de un banco nacional con capital del Estado y monopolio exclusivo.
6. Centralización de los medios de transporte en manos del Estado.
7. Aumento del número de fábricas nacionales y de los instrumentos de producción, extensión de la roturación y mejora

---

1. Uso aquí el término «emigrado» y no «emigrante», como se viene haciendo en numerosas traducciones a distintos idiomas, porque Marx y Engels se están refiriendo sin duda no a cualquiera que se va a vivir a otro país por las razones que sean, sino al equivalente a los *émigrés*, es decir, aquellos aristócratas monárquicos que huyeron de Francia durante la Revolución francesa; el término se ha seguido empleando para quienes se autoexilian por razones políticas durante un proceso revolucionario. *(N. del T.)*

de las propiedades agrarias, todo ello con arreglo a un plan común.

8. Trabajo obligatorio para todos, creación de ejércitos industriales, en particular para la agricultura.

9. Armonización de la explotación agrícola e industrial, intervención para eliminar gradualmente las diferencias entre ciudad y campo.

10. Educación pública y gratuita para todos los niños. Abolición del trabajo infantil en las fábricas en su forma actual. Combinación de educación y producción material, etc.

Una vez desaparecidas durante este proceso las diferencias de clase y cuando toda la producción está ya concentrada en manos de los individuos asociados, el poder estatal pierde su carácter político. El poder público en sentido estricto es el poder organizado de una clase para explotar a otra. Cuando en su lucha contra la burguesía el proletariado se ve empujado a unirse como clase, se convierte en clase dominante mediante una revolución y como clase dominante pone fin a las viejas condiciones de producción, también pone fin entonces a las condiciones para la existencia del antagonismo entre clases, y de las clases en sí, eliminando así su propia hegemonía como clase.

En lugar de la vieja sociedad burguesa con sus clases y sus antagonismos de clase aparece una asociación en la que el libre desarrollo de cada uno es la condición para el libre desarrollo de todos.

III
LITERATURA SOCIALISTA Y COMUNISTA

1. El socialismo reaccionario

a) El socialismo feudal

Las aristocracias francesa e inglesa, debido a su posición histórica, estaban llamadas a escribir panfletos contra la sociedad burguesa moderna. En la Revolución francesa de julio de 1830 y en el movimiento reformista inglés habían salido derrotadas de nuevo por los odiados arribistas. La lucha política de verdad había dejado de ser posible. Sólo les quedaba la lucha literaria. Pero también en el ámbito de la literatura resultaba imposible mantener los discursos de la época de la Restauración.[1] Para despertar simpatías, la aristocracia tuvo que simular que perdía de vista sus intereses y formular sus acusaciones contra la burguesía en nombre de la clase obrera explotada. Así, se dio la satisfacción de entonar canciones injuriosas hacia los nuevos señores y de murmurar en sus oídos profecías más o menos aciagas.

De esa forma nació el socialismo feudal: mitad elegía, mitad libelo; mitad eco del pasado, mitad vaticinio amenazador; en ocasiones capaz de asestar golpes certeros a la burguesía mediante juicios amargos, ocurrentes y feroces, que resultaban siempre algo estrafalarios debido a su absoluta incapacidad de comprender el curso de la historia moderna.

Enarbolaban por bandera el zurrón de mendigo del proletario para congregar tras de sí al pueblo, pero cada vez que este los seguía, descubría sobre su trasero los viejos blasones feudales y se dispersaba con ruidosas y poco respetuosas risotadas.

Un sector de los legitimistas franceses y la Joven Inglaterra han ofrecido este espectáculo.

---

1. No se trata de la Restauración inglesa de 1660-1689, sino de la época de la Restauración francesa de 1814-1830. (Nota de Engels a la edición inglesa de 1888.)

Cuando los defensores del feudalismo pretenden probar que su forma de explotación era distinta de la explotación burguesa olvidan una cosa: que explotaban en una situación y unas condiciones completamente distintas y hoy superadas. Cuando demuestran que bajo su hegemonía el proletariado moderno no existía, olvidan otra cosa: a saber, que precisamente la burguesía es el retoño necesario de su orden social.

Por cierto, ocultan tan poco el carácter reaccionario de su crítica, que su principal acusación contra la burguesía consiste en que bajo su régimen se está desarrollando una clase que hará saltar por los aires todo el antiguo orden social.

Y lo que más reprochan a la burguesía no es tanto que cree al proletariado en sí, como que esté creando un proletariado revolucionario.

Por ello, en su actividad política, participan en todas las medidas represivas contra la clase obrera, mientras que en la vida cotidiana, a pesar de todos sus pomposos discursos, no le hacen ascos a cosechar las manzanas de oro[1] y a mercadear la fidelidad, el amor y la honra por lana de oveja, remolachas forrajeras y aguardiente.[2]

Si el clérigo iba de la mano del señor feudal, lo mismo hace el socialismo clerical con el socialismo feudal.

Nada más sencillo que dar una mano de socialismo al ascetismo cristiano. ¿Acaso no ha clamado el cristianismo contra la propiedad privada, contra el matrimonio, contra el Estado? ¿No ha predicado en su lugar la caridad y la mendicidad, el celibato y la mortificación de la carne, la vida monástica y la iglesia? El socialismo

---

1. «Las manzanas de oro» se refiere a las manzanas que se encontraban en el jardín de las Hespérides y que Hércules debía robar como uno de sus doce trabajos. *(N. del T.)*
2. Esto se refiere sobre todo a Alemania, donde la aristocracia rural y los terratenientes prusianos permiten que los administradores exploten por cuenta propia una parte de sus propiedades, mientras son grandes productores de azúcar de remolacha y de aguardiente de patata. Los aristócratas ingleses, más pudientes, no han caído aún tan bajo; pero también ellos saben cómo compensar la caída de las rentas cediendo su nombre a fundadores, de dudosa reputación, de sociedades por acciones. *(Nota de Engels a la edición inglesa de 1888.)*

cristiano es sólo el agua bendita con la que el clérigo bendice la ira del aristócrata.

b) Socialismo pequeñoburgués

La aristocracia feudal, cuyas condiciones de vida decayeron y sucumbieron en la moderna sociedad burguesa, no ha sido la única clase derrocada por la burguesía. Los villanos libres medievales y el pequeño campesinado fueron los precursores de la burguesía moderna. En los países con industria y comercio menos desarrollados esa clase sigue vegetando junto a la burguesía en ascenso.

En los países en los que se desarrolló la civilización moderna, se ha formado una nueva pequeña burguesía que flota entre el proletariado y la burguesía, y que se reconstituye una y otra vez como complemento de la sociedad burguesa; sin embargo, la competencia arroja continuamente a sus miembros al proletariado, e incluso, debido al desarrollo de la gran industria, ven acercarse el momento en el que desaparecerán por completo como sector independiente de la sociedad moderna y serán reemplazados por capataces y subalternos en el comercio, la manufactura y la agricultura.

En países como Francia, donde la clase campesina engloba a bastante más de la mitad de la población, era lógico que los escritores que se pusieron del lado del proletariado contra la burguesía usaran en su crítica al régimen burgués la vara de medir de la pequeña burguesía y del pequeño campesinado y que tomaran partido por los trabajadores desde el punto de vista de la pequeña burguesía. Así se formó el socialismo pequeñoburgués. Sismondi es el cabecilla de esa literatura, no sólo en Francia, también en Inglaterra.

Este socialismo analizó con extrema perspicacia las contradicciones de las condiciones modernas de producción. Sacó a la luz la hipocresía con la que los economistas maquillaban los hechos. Demostró de forma incontestable los efectos destructivos de las máquinas y de la división del trabajo, la concentración del capital y la propiedad de los bienes raíces, la sobreproducción, las crisis, la ruina forzosa de los pequeños burgueses y campesinos, la miseria del proletariado, la anarquía en la producción, las escandalosas desigualdades en el reparto de la riqueza, la guerra industrial de exterminio de unas naciones contra otras, la disolución de las antiguas costumbres, de las antiguas relaciones familiares, de las antiguas nacionalidades.

Sin embargo, en sus fines positivos, este socialismo pretende o bien reconstruir los antiguos medios de producción y de transporte y con ellos las formas de propiedad y la sociedad anteriores, o bien volver a encajar con violencia los medios de producción y de transporte modernos en el marco de las formas de propiedad anteriores que habían sido dinamitadas, más bien, que había que dinamitar sin remedio. En ambos casos es reaccionario y utópico al mismo tiempo.

Régimen gremial en la manufactura y economía patriarcal en el campo: esa es su propuesta definitiva.

En sus fases posteriores esta tendencia se ha ido disolviendo en cobardes gimoteos.

c) El socialismo alemán o el socialismo «verdadero»

Los escritos socialistas y comunistas franceses, surgidos bajo la presión de una burguesía hegemónica y que son expresión de la lucha contra tal hegemonía, se exportaron a Alemania en una época en la que la burguesía acababa de iniciar su lucha contra el absolutismo feudal.

Los filósofos, los semi filósofos y los espíritus refinados de Alemania se abalanzaron con ansia sobre esa literatura, pero olvidando que con la llegada de Francia de aquellos escritos no entraban al mismo tiempo en Alemania las condiciones de vida de los franceses. En las condiciones de Alemania, los textos franceses perdieron toda relevancia para su aplicación inmediata y adoptaron una apariencia puramente literaria. Tuvieron que presentarse como un conjunto de especulaciones ociosas sobre la realización del ser humano. De este modo, para los filósofos alemanes del siglo XVIII, las reivindicaciones de la primera revolución francesa sólo se entendían como exigencias generales de la «razón práctica» y la voluntad declarada por la burguesía revolucionaria francesa equivalía a sus ojos a las leyes de la voluntad pura, de la voluntad como debe ser, la verdadera voluntad humana.

Los literatos alemanes se dedicaron exclusivamente a conjugar las nuevas ideas francesas con su vieja conciencia filosófica o, más bien, a apropiarse de las ideas francesas desde su concepción filosófica.

Esta apropiación tuvo lugar de la misma manera en la que nos apropiamos de una lengua extranjera: mediante la traducción.

Es sabido que los monjes escribían historias vulgares de santos católicos por encima de manuscritos que recogían las obras clásicas del paganismo antiguo. Los literatos alemanes procedieron a la inversa con los textos profanos franceses: escribían sus tonterías filosóficas detrás del original francés. Por ejemplo, tras la crítica francesa al reparto del dinero escribieron «expolio del ser humano» y tras la crítica francesa al Estado burgués escribieron «abolición del gobierno de lo universal abstracto», etc.

A la introducción subrepticia de esos conceptos filosóficos bajo las aportaciones francesas la bautizaron como «filosofía de la acción», «socialismo verdadero», «ciencia alemana del socialismo», «fundamentación filosófica del socialismo», etc.

Así, la literatura socialista y comunista quedó prácticamente castrada. Y como en manos de los alemanes dejó de expresar la lucha de una clase contra otra, los alemanes estaban convencidos de haber superado la «parcialidad francesa», y de representar, en lugar de verdaderas necesidades, la necesidad de verdad, y en lugar de los intereses del proletario, los intereses del ser humano, de la persona sin más, esa que no pertenece a clase alguna, ni siquiera a la realidad, tan sólo al cielo brumoso de la fantasía filosófica.

Este socialismo alemán, que se tomaba tan en serio y de forma tan solemne sus torpes deberes escolares y que pregonaba sus ideas a grito pelado, ha ido perdiendo entretanto su pedante inocencia.

La lucha de los alemanes, a saber de la burguesía prusiana contra la aristocracia feudal y la monarquía absoluta, es decir, el movimiento liberal, estaba adquiriendo mayor seriedad.

Al socialismo «verdadero» se le ofreció entonces la tan deseada oportunidad de confrontar al movimiento político burgués con las reivindicaciones socialistas, y de lanzar los anatemas tradicionales contra el liberalismo, contra el Estado representativo, contra la competencia burguesa, la libertad de prensa burguesa, el derecho burgués, la libertad y la igualdad burguesas, y de predicar al pueblo que no tenían nada que ganar con ese movimiento burgués sino más bien todo que perder. El socialismo alemán olvidaba oportunamente que la crítica francesa, de la que era un eco insípido, presuponía la sociedad burguesa moderna con las condiciones materiales de vida y la constitución política correspondientes, justo todo aquello, y no era poco, que aún se estaba intentando conseguir en Alemania.

Con su séquito de clérigos, maestros de escuela, terratenientes cerriles y burócratas, sirvió a los gobiernos absolutistas alemanes de oportuno espantapájaros contra la amenazante burguesía en auge.

Fue el complemento dulzón de los amargos latigazos y balazos con los que esos mismos gobiernos reprimían los levantamientos obreros.

Si el socialismo «verdadero» se convirtió así en arma en manos de los gobiernos contra la burguesía alemana, también representaba intereses directamente reaccionarios, los intereses de los villanos libres alemanes. En Alemania, la pequeña burguesía heredada del siglo XVI y que ha ido apareciendo y reapareciendo desde entonces bajo distintas formas, es la auténtica base social de las condiciones existentes.

Conservarla significa conservar las condiciones que se dan en Alemania. Teme una ruina cierta a causa de la hegemonía industrial y política de la burguesía, por un lado debido a la concentración del capital, por otro debido a la aparición de un proletariado revolucionario. Y le parecía que el socialismo «verdadero» mataba ambos pájaros de un tiro. Así, se propagó como una epidemia.

Los ropajes tejidos con la fina telaraña de la especulación, bordados con florituras de discursos refinados, empapados en el rocío de la sensiblería romántica, esos ropajes con los que los socialistas alemanes revestían su puñado de esqueléticas «verdades eternas», sólo hicieron crecer la demanda de su mercancía entre aquel público.

Por su parte, el socialismo alemán fue reconociendo cada vez más su vocación de representante pomposo de esa pequeña burguesía. Proclamó la nación alemana como la nación normal y a los pequeñoburgueses alemanes como las personas normales. Dio a cada una de sus vilezas un sentido oculto, más elevado, socialista, que significaba justamente su opuesto. Extrajo la última consecuencia al oponerse abiertamente a la orientación «groseramente destructiva» del comunismo y al declararse imparcial y por encima de toda lucha de clases. Con muy pocas excepciones, todos los escritos supuestamente socialistas y comunistas que circulan en Alemania pertenecen al ámbito de esa sucia e irritante literatura.

2. El socialismo conservador o burgués

Un sector de la burguesía desea paliar las injusticias sociales para garantizar la pervivencia de la sociedad burguesa.

Entre ellos se encuentran economistas, filántropos, humanitarios, reformistas de la situación de las clases trabajadoras, organizadores de obras de beneficencia, contrarios a la tortura animal, fundadores de sociedades por la templanza, reformistas aficionados de toda laya. Este socialismo burgués ha llegado incluso a formularse en sistemas completos.

Baste como ejemplo *Filosofía de la miseria*, de Proudhon.

Los socialistas burgueses quieren las condiciones de vida de la sociedad moderna sin sus luchas y peligros inherentes. Quieren la sociedad actual quitándole los elementos que la revolucionan y descomponen. Quieren la burguesía sin el proletariado. Naturalmente, la burguesía se imagina el mundo sobre el que gobierna como el mejor de los mundos posibles. El socialismo burgués elabora esta idea consoladora en un semi sistema o en un sistema completo. Cuando llama al proletariado a aplicar sus sistemas y entrar en la Nueva Jerusalén, lo que le exige en el fondo es solamente que se quede en la sociedad actual pero despojándose de las odiosas ideas que tiene de ella.

Una segunda forma, menos sistemática pero más práctica, de este socialismo pretendía quitar a la clase obrera las ganas de cualquier movimiento revolucionario, demostrándole que sólo podría sacar provecho, no de tal o cual cambio político, sino sólo de un cambio de las condiciones materiales de su existencia, de las condiciones económicas. Por cambio de las condiciones materiales de vida este socialismo no entiende de ninguna manera la abolición de las condiciones burguesas de producción, que sólo sería posible mediante la vía revolucionaria, sino la realización de mejoras administrativas que se aplican a dichas condiciones de producción, es decir, que no cambian un ápice la relación entre capital y trabajo asalariado, sino que en el mejor de los casos reducen para la burguesía los costes de su hegemonía y simplifican el presupuesto del Estado.

El socialismo burgués sólo consigue su perfecta expresión cuando se convierte en mera oratoria.

¡Libre comercio!, en interés de la clase trabajadora; ¡aranceles proteccionistas!, en interés de la clase trabajadora; ¡prisiones celulares!, en interés de la clase trabajadora; esta es la última palabra del socialismo burgués, la única que dice totalmente en serio.

Porque el socialismo de la burguesía consiste en que los burgueses son burgueses... en interés de la clase obrera.

3. *El socialismo y el comunismo crítico-utópicos*

No nos estamos refiriendo aquí a los textos que han expresado las reivindicaciones del proletariado en todas las grandes revoluciones modernas (los escritos de Babeuf, etc.)

Los primeros intentos del proletariado de imponer directamente su propio interés de clase, en una época de agitación generalizada durante la caída de la sociedad feudal, fracasaron necesariamente tanto por la falta de desarrollo de la figura del proletariado como por la ausencia de las condiciones materiales de su emancipación, que sólo pueden ser producto de la época burguesa. La literatura revolucionaria que acompañó los primeros movimientos del proletariado sólo podía ser reaccionaria en sus contenidos. Predicaba un ascetismo generalizado y un burdo igualitarismo.

Los sistemas verdaderamente socialistas y comunistas, los sistemas de Saint-Simon, Fourier, Owen, etc., surgen en el primer periodo de la lucha, aún sin desarrollar, entre proletariado y burguesía, que hemos descrito más arriba (*vid. supra:* «Burgueses y proletarios»).

Aunque los inventores de estos sistemas son conscientes del antagonismo entre clases, así como de la acción de los elementos disgregadores incluso en la sociedad dominante, no llegan a vislumbrar la autonomía histórica del proletariado, un movimiento político que le sea propio.

Como el desarrollo del antagonismo de clase avanza paralelamente al de la industria, tampoco descubren las condiciones materiales para la emancipación del proletariado y buscan una ciencia social, leyes sociales, para crear esas condiciones.

En lugar de la actividad de la sociedad tiene que ponerse en marcha su propia actividad inventiva; en lugar de las condiciones históricas para la emancipación, condiciones fantasiosas; y en lugar de la organización gradual del proletariado como clase, una organización de la sociedad diseñada por ellos. La historia futura del mundo se reduce para ellos a propaganda y a la aplicación en la práctica de sus proyectos sociales.

Es verdad que son conscientes de que con sus proyectos representan sobre todo los intereses de la clase obrera como la clase que más sufre. El proletariado sólo existe para ellos desde ese punto de vista: como la clase que más sufre.

Pero tanto el escaso desarrollo de la lucha de clases como su propia situación personal provocan que se crean muy por encima del mencionado antagonismo de clase. Quieren mejorar las condiciones de vida de todos los miembros de la sociedad, también de los mejor situados. Por ello apelan continuamente a toda la sociedad sin distinciones, incluso de preferencia a la clase dominante. Al fin y al cabo, bastaría con comprender su sistema para reconocerlo como el mejor plan posible para la mejor sociedad posible.

Por ello rechazan cualquier acción política, en particular la revolucionaria; quieren alcanzar su meta por vías pacíficas y, mediante pequeños experimentos, por supuesto fallidos, pretenden desbrozar el camino a su evangelio social por la fuerza del ejemplo. La descripción fantástica de la sociedad del futuro surge en un momento en el que el proletariado está muy poco desarrollado, por lo que él mismo aún concibe de manera fantasiosa su situación y sus primeras intuiciones de lucha para transformar a fondo la sociedad. Pero los textos socialistas y comunistas constan también de elementos críticos. Atacan todos los fundamentos de la sociedad actual. Por eso han contribuido a ilustrar a los obreros con material extremadamente valioso. Sus tesis positivas con respecto a la sociedad futura, por ejemplo, la eliminación de la contraposición entre ciudad y campo, de la familia, de la ganancia privada, del trabajo asalariado, el anuncio de la armonía social, la transformación del Estado en mera administración de la producción, todas estas propuestas suyas sencillamente expresan la desaparición del antagonismo de clase, que apenas se está empezando a desarrollar y que sólo conocen en su forma inicial, indefinida, sin contornos. Por eso tales tesis tienen todavía un sentido puramente utópico.

La importancia del socialismo y del comunismo crítico-utópicos es inversamente proporcional a la evolución histórica. A medida que se desarrolla y concreta la lucha de clases, esa forma fantasiosa de elevarse sobre dicha lucha y de combatirla pierde todo su valor práctico y toda su justificación teórica. Así que aunque los artífices de esos sistemas fuesen revolucionarios en muchos sentidos, sus discípulos forman siempre sectas reaccionarias. Se aferran a las viejas ideas de los maestros ante el ulterior desarrollo histórico del proletariado. Por ello, pretenden de manera sistemática aplacar la lucha de clases y reconciliar los antagonismos. Todavía sueñan con la realización de sus utopías sociales mediante experimentos: fundación de falansterios, creación de *home-colonies*, establecimiento de una pequeña Icaria[1] –versión minúscula

---

1. *Home-colonies* (colonias en el propio país) llama Owen a sus sociedades comunistas modélicas. «Falansterio» era el nombre que dio Fourier a los palacios sociales que había proyectado. «Icaria» se llamaba ese país utópico y fantástico cuya estructura describió Cabet. *(Nota de Engels a la edición alemana de 1890.)*

de la nueva Jerusalén, y para construir todos esos castillos en el aire tienen que apelar a la filantropía de los corazones y los bolsillos burgueses. Poco a poco van cayendo en la categoría de los socialistas reaccionarios o conservadores descritos más arriba, y ya sólo se diferencian de ellos por una pedantería más sistemática, por una superstición fanática que les hace creer en los efectos milagrosos de su ciencia social.

Por eso se oponen con exasperación a toda acción política de los obreros, que sólo puede deberse a su ciega incredulidad hacia el nuevo evangelio.

Los owenistas en Inglaterra, los fourieristas en Francia, reaccionan unos contra los cartistas, los otros contra los reformistas.

IV

POSTURA DE LOS COMUNISTAS
FRENTE A LOS DISTINTOS PARTIDOS
DE OPOSICIÓN

Teniendo en cuenta el capítulo II, resulta evidente la relación de los comunistas con los partidos obreros ya constituidos, también su relación con los cartistas en Inglaterra y con los reformistas agrarios en Norteamérica.

Luchan para alcanzar los objetivos y los intereses inmediatos de la clase obrera, pero, al mismo tiempo, defienden en el movimiento actual el futuro del movimiento. En Francia, los comunistas se alían con el partido demócrata-socialista contra la burguesía conservadora y contra la radical, sin renunciar al derecho a ser críticos con los discursos e ilusiones procedentes de la tradición revolucionaria.

En Suiza, apoyan a los radicales, sin ignorar que ese partido consta de integrantes contradictorios, en parte de demócratas socialistas, en el sentido francés, en parte de burgueses radicales.

En Polonia, los comunistas apoyan al partido que pone la revolución agraria como condición de la liberación nacional, aquel partido que desató la insurrección de Cracovia de 1846.

En Alemania, en cuanto la burguesía actúa de forma revolucionaria, el partido comunista lucha a su lado contra la monarquía absoluta, la propiedad feudal de la tierra y la pequeña burguesía.

Pero en ningún momento deja de fomentar entre los obreros una clara conciencia del fuerte antagonismo entre burguesía y proletariado: así, los obreros alemanes podrán convertir en armas contra la propia burguesía las condiciones sociales y políticas que la burguesía crea forzosamente con su hegemonía, a fin de comenzar a combatirla inmediatamente después del derrocamiento de las clases reaccionarias en Alemania.

Los comunistas concentran su atención en Alemania, porque Alemania se encuentra en vísperas de una revolución burguesa y porque está realizando esta transformación radical en una fase más avanzada de la civilización europea y cuenta con un proletariado mucho más desarrollado que Inglaterra en el siglo XVII y Francia en el XVIII, con lo que la revolución burguesa alemana sólo puede ser el preludio inmediato de una revolución proletaria.

En pocas palabras, los comunistas apoyan en todas partes cualquier movimiento revolucionario dirigido contra el orden social y político existente.

En todos esos movimientos los comunistas ponen de relieve el problema de la propiedad, sea cual sea la forma más o menos avanzada que haya adoptado, como la cuestión crucial del movimiento.

Los comunistas, en definitiva, trabajan en todas partes a favor de los lazos y el entendimiento entre los partidos democráticos de todos los países.

Los comunistas desprecian la posibilidad de ocultar sus ideas e intenciones. Declaran abiertamente que sólo se pueden alcanzar sus objetivos derribando violentamente todos los órdenes sociales que han existido hasta hoy. Que tiemblen las clases dominantes ante una revolución comunista. Los proletarios no tienen nada que perder con ella, salvo sus cadenas. Tienen un mundo que ganar.

¡Proletarios de todos los países, uníos!

COMENTARIOS HISTÓRICOS

Prefacio a la edición alemana de 1872

La Liga de los Comunistas,[1] una asociación internacional de trabajadores, que en la situación de entonces obviamente sólo podía ser clandestina, encargó a los abajo firmantes, en el congreso celebrado en Londres en noviembre de 1847, la redacción de un programa del partido, detallado, teórico y práctico, dirigido al público en general. Así nació este *Manifiesto*, cuyo manuscrito se envió a imprimir a Londres pocas semanas antes de la Revolución de Febrero.[2] Primero se publicó en alemán, y en esa lengua se realizaron al menos doce ediciones distintas en Alemania, Inglaterra y América. En inglés apareció por primera vez en Londres en 1850 en *Red Republican*, con traducción de miss Helen Macfarlane, y en 1871 en por lo menos tres traducciones diferentes en América. En francés, se publicó primero en París poco antes de la Insurrección de Junio de 1848,[3] y recientemente en *Le Socialiste*, de Nueva York. Una nueva traducción está en camino. En polaco, en Londres, poco después de su primera edición en alemán. En ruso, en Ginebra, en los años sesenta. También se tradujo al danés poco después de su primera publicación.

1. A pesar del título del *Manifiesto*, no existía un partido comunista como lo entendemos hoy –y no se fundó ninguno hasta 1918–, pero sí una Liga de los Comunistas, en junio de 1847, en cuya fundación participaron Marx y Engels. *(N. del T.)*
2. Se refiere a la Revolución francesa de febrero de 1848 en Francia. *(N. del T.)*
3. Se refiere a la insurrección de los obreros parisinos del 24 al 26 de junio, que fue reprimida de forma sangrienta. *(N. del T.)*

A pesar de cuánto ha cambiado la situación en los últimos vein-ticinco años, los principios generales desarrollados en este *Mani-fiesto* aún conservan a grandes rasgos toda su vigencia. Se podrían mejorar detalles aquí y allá. La aplicación práctica de estos princi-pios, como se explica en el propio *Manifiesto*, dependerá siempre y en todas partes de las condiciones políticas existentes y por tanto no ponemos un énfasis particular en las medidas revolucionarias propuestas al final del capítulo II. Este pasaje sería hoy distinto en muchos aspectos. Algunas partes de dicho programa han quedado obsoletas, dado el enorme desarrollo de la gran industria durante los últimos veinticinco años y, en paralelo, de la organización de la clase obrera como partido, y dadas también las experiencias prime-ro de la Revolución de Febrero y aún más de la Comuna de París, cuando por primera vez el proletariado se hizo durante dos meses con el poder político. Sobre todo la Comuna ha demostrado que «la clase obrera no puede sin más ni más adueñarse de la maquina-ria estatal tal como está y ponerla en funcionamiento para sus pro-pios objetivos». (*Vid. La guerra civil en Francia. Manifiesto del Consejo General de la Asociación Internacional de Trabajadores*, p. 19 de la edición en alemán, donde se desarrolla esta cuestión). Por lo demás, es evidente que la crítica a la literatura socialista está hoy incompleta, puesto que sólo llega hasta 1847; igualmente, las observaciones sobre la postura de los comunistas frente a los distin-tos partidos de oposición (capítulo IV), aunque en sus líneas básicas siguen siendo correctas, han quedado obsoletas tal como están ex-puestas ya que la situación política ha cambiado por completo y la evolución histórica ha hecho desaparecer a la mayoría de los parti-dos que allí se enumeran.

Sin embargo, el *Manifiesto* es un documento histórico y ya no nos consideramos con derecho a modificarlo. Quizá se publique una edición posterior acompañada de una introducción que tenga en cuenta el intervalo de 1847 hasta hoy: la edición actual nos llegó de forma demasiado repentina como para haber tenido tiempo para ello.

Londres, 24 de junio de 1872
Karl Marx y Friedrich Engels

Prefacio a la edición rusa de 1882

La primera edición rusa de *El manifiesto comunista*, traducido por Bakunin, se publicó a principios de los años sesenta en la imprenta del *Kolokol*.[1] Entonces Occidente sólo podía verla (la edición rusa del *Manifiesto*) como una curiosidad literaria. Esta interpretación sería hoy imposible.

Lo limitado del territorio que ocupaba entonces (diciembre de 1847) el movimiento proletario se ve con la mayor claridad en el capítulo final del *Manifiesto*: «Postura de los comunistas frente a los distintos partidos de oposición en los diferentes países». Pues aquí faltan precisamente Rusia y Estados Unidos. Era la época en la que Rusia constituía la última gran reserva de la reacción europea; en la que Estados Unidos estaba absorbiendo el exceso de mano de obra proletaria de Europa mediante la inmigración. Ambos países abastecían con materias primas a Europa y eran al mismo tiempo mercado para sus productos industriales. Ambos países eran, entonces, de una u otra manera, pilares del orden europeo existente.

¡Cómo han cambiado las cosas! Precisamente la emigración europea posibilitó la gigantesca producción agraria de Norteamérica, que con su competencia sacudió hasta los cimientos la propiedad –pequeña y grande– de la tierra en Europa. Además permitió a Estados Unidos explotar sus gigantescos recursos industriales con una energía y a un nivel que ha de romper en poco tiempo lo que hasta

1. Periódico publicado en ruso por Alexander Herzen y Nikolai Ogariov, primero en Londres y después en Ginebra. *(N. del T.)*

hace poco era el monopolio industrial de Europa occidental y en particular el de Inglaterra. Ambas circunstancias tienen un efecto revolucionario sobre la propia América. La pequeña y mediana propiedad de los agricultores, base de toda la constitución política, está sucumbiendo progresivamente a la competencia de las macro granjas; en los distritos industriales se están desarrollando al mismo tiempo y por vez primera una masa proletaria y una fabulosa concentración de capital.

¡Y qué decir de Rusia! Durante la Revolución de 1848/1849 no sólo los príncipes europeos, también los burgueses europeos vieron en la intervención rusa su única salvación frente a un proletariado que acababa de despertar. El zar fue proclamado jefe de la reacción europea. Hoy es prisionero de guerra de la revolución en Gátchina, y Rusia se ha convertido en la vanguardia de la acción revolucionaria europea.

El manifiesto comunista tenía la misión de proclamar la disolución inevitable y próxima de la propiedad burguesa moderna. Pero en Rusia, frente al rápido crecimiento de la estafa capitalista y al desarrollo incipiente de la propiedad burguesa de la tierra, encontramos que más de la mitad del suelo es propiedad colectiva de los campesinos. Ahora se plantea la siguiente cuestión: ¿podrá la *obshchina* rusa, una forma, aunque muy deteriorada, de la antiquísima propiedad colectiva del suelo, transformarse en la forma superior de la propiedad colectiva comunista? ¿O tendrá por el contrario que atravesar el mismo proceso de desintegración que ha marcado la evolución histórica de Occidente?

La única respuesta posible hoy en día es la siguiente: si la Revolución rusa se convierte en la señal para una revolución proletaria en Occidente, de tal manera que ambas se complementen, la actual propiedad colectiva del suelo en Rusia podrá servir de punto de partida para un proceso comunista.

Londres, 21 de enero de 1882
Karl Marx y Friedrich Engels

Prefacio a la edición alemana de 1883

Por desgracia debo firmar yo solo el prefacio a la presente edición. Marx, el hombre al que el conjunto de la clase obrera europea debe más que a ningún otro, reposa en el cementerio de Highgate y sobre su tumba crecen ya las primeras hierbas. Desde su muerte ya sí que es imposible pensar en modificar o completar el *Manifiesto*. Por ello me parece aún más necesario hacer de nuevo hincapié en lo siguiente.

La idea básica que atraviesa el *Manifiesto*: que la producción económica y la estructura social de toda era histórica que emana por fuerza de ella constituyen la base para la historia política e intelectual de dicha era; que, por tanto (desde la desintegración de la propiedad comunal de la tierra y el suelo), toda la historia ha sido la historia de las luchas de clases, luchas entre las clases de explotados y explotadores, de dominados y dominadores, y esto ha sido así en los distintos escalones de la evolución histórica; pero que esa lucha ha alcanzado ahora un escalón en el que la clase explotada y oprimida (el proletariado) no se podrá emancipar de quien la explota y oprime (la burguesía) sin emancipar al mismo tiempo y para siempre a toda la sociedad de explotación, opresión y luchas de clases. Esta idea central pertenece exclusivamente a Marx.

Ya lo he dicho muchas veces; pero ahora es especialmente necesario que se encuentre también delante del *Manifiesto*.

Londres, 28 de junio de 1883
FRIEDRICH ENGELS

Prefacio a la edición inglesa de 1888

[...]

La derrota de la Insurrección de Junio de 1848 en París –esa primera gran batalla entre proletariado y burguesía– hizo que las aspiraciones sociales y políticas de la clase obrera en Europa volviesen temporalmente a un segundo plano. Desde entonces, la lucha por la hegemonía, igual que antes de la Revolución de Febrero, sólo ha tenido lugar entre los diversos grupos de la clase adinerada; la clase obrera tuvo que limitarse a luchar por espacio de maniobra y a la posición en el extremo más a la izquierda de la burguesía radical. Allí donde movimientos proletarios independientes continuaron dando señales de vida fueron aplastados sin piedad. Así, la policía prusiana descubrió la sede central de la Liga de los Comunistas, que entonces estaba situada en Colonia. Sus miembros fueron detenidos y, tras dieciocho meses de prisión, procesados en octubre de 1852. Aquel famoso «Proceso de los comunistas de Colonia» duró del 4 de octubre hasta el 12 de noviembre; siete de los prisioneros fueron condenados a prisión de tres a seis años en un castillo. Inmediatamente después de la sentencia, los miembros restantes de la Liga procedieron a su disolución oficial. En cuanto al *Manifiesto*, parecía condenado desde entonces a caer en el olvido.

Cuando la clase obrera europea recuperó las fuerzas suficientes como para lanzar un nuevo ataque contra las clases dirigentes, nació la Asociación Internacional de Trabajadores. Pero dicha Asociación, creada con el objetivo expreso de soldar en una sola entidad a todo el proletariado de Europa y América que estuviese dispuesto a la

lucha, no pudo proclamar inmediatamente los principios estableci-
dos en el *Manifiesto*. La Internacional necesitaba un programa suficientemente amplio como para que pudiesen aceptarlo los sindicatos ingleses, los seguidores franceses, belgas, italianos y españoles de
Proudhon y también para los de Lasalle en Alemania. Marx elaboró
este programa que satisfizo a todas las partes; tenía confianza plena
en el desarrollo intelectual de la clase obrera que surgiría sin duda de
la acción concertada y las discusiones conjuntas. Los acontecimientos y vicisitudes de la lucha contra el capital, las derrotas más que las
victorias, no podrían sino hacer que los hombres comprendiesen la
insuficiencia de varios de sus remedios milagrosos favoritos y despe-
jar el camino para una mejor comprensión de las auténticas condiciones de la emancipación de la clase obrera. Y Marx tenía razón. Tras
su fractura en 1874, los hombres que salieron de la Internacional
eran muy distintos a los que habían entrado en ella cuando se fundó
en 1864. El proudhonismo en Francia y el lassalleanismo en Alemania estaban agonizando, e incluso los conservadores sindicatos bri-
tánicos, aunque la mayoría ya habían roto tiempo atrás sus vínculos
con la Internacional, se estaban acercando gradualmente a un punto
en el que su presidente podía decir en su nombre, como hizo el año
pasado en Swansea, que «el socialismo continental ha dejado de
asustarnos». Efectivamente: los principios del *Manifiesto* habían ganado en aceptación entre los trabajadores de todos los países.

Así, el propio *Manifiesto* regresó al primer plano. Desde 1850,
el texto alemán había sido reimpreso varias veces en Suiza, Inglaterra y América. En 1872 se tradujo al inglés en Nueva York y
fue publicado en *Woodhull and Claflin's Weekly*. A partir de esta
versión en inglés, se hizo una traducción francesa en *Le Socialiste*
de Nueva York. Desde entonces, al menos otras dos traducciones
inglesas, más o menos mutiladas, han aparecido en América,
y una de ellas ha sido reimpresa en Inglaterra. La primera traducción al ruso, hecha por Bakunin, se publicó hacia 1863 en
la oficina del *Kolokol*, de Herzen, en Ginebra, y una segunda la
hizo la heroica Vera Zasulich,[1] también en Ginebra en 1882. Una

---

1. En realidad la traducción es de G. V. Plejánov, como indicaría el propio
Engels más tarde en otro lugar. Aprovecho para señalar aquí que algunas de

nueva edición en danés se encuentra en la *Social-demokratisk Bibliothek*, Copenhague, 1885; una nueva edición en francés en *Le Socialiste*, París, 1885. A partir de ésta, se publicó una versión en español en Madrid, 1886. Las reimpresiones en alemán son incontables, como mínimo una docena. Una traducción al armenio, que debía haber sido publicada en Constantinopla hace unos meses, no llegó a ver la luz, según me han dicho, porque el editor tenía miedo de publicar un libro con el nombre de Marx en la cubierta, pero el traductor se negó a asumir la autoría. Tengo noticias de otras traducciones en otros idiomas pero no las he visto. Así que la historia del *Manifiesto* refleja en gran medida la historia del movimiento moderno de la clase obrera; ahora mismo es sin duda la producción más difundida y más internacional de toda la literatura socialista, la plataforma común reconocida por millones de trabajadores desde Siberia a California.

Sin embargo, cuando se escribió no podríamos haberlo llamado un *Manifiesto socialista*. En 1847, por socialistas se entendía, por un lado, a los seguidores de varios sistemas utópicos: owenistas en Inglaterra, fourieristas en Francia, ambos ya reducidos a meras sectas en proceso de extinción; por otro lado, a los charlatanes más variopintos, quienes, con toda suerte de cosidos y remiendos pretendían reparar todas las injusticias sociales sin peligro alguno para el capital y los beneficios; en ambos casos se trataba de hombres que no pertenecían al movimiento obrero y que buscaban apoyo sobre todo en las clases «educadas». Cualquier sector de la clase obrera que estuviese convencido de la insuficiencia de realizar cambios radicales sólo de orden político y que hubiera proclamado la necesidad de una transformación a fondo de la sociedad, ese sector se denominaba a sí mismo comunista. Era un comunismo rudimentario, tosco, puramente instintivo; sin embargo, ponía el dedo sobre lo esencial y era lo suficientemente potente entre la clase obrera como para producir

---

las fechas y versiones lingüísticas del *Manifiesto* que indica Engels son incorrectas; y también olvida otras, como la primera traducción al español, realizada –y ligeramente mutilada– por José Mesa en 1872 a partir de una versión en francés... traducida a su vez del inglés. *(N. del T.)*

el comunismo utópico de Cabet en Francia y de Weitling en Alemania. Así, el socialismo era en 1847 un movimiento de clase media, y el comunismo un movimiento de clase obrera. El socialismo era, al menos en el continente, «respetable»; el comunismo era justo lo contrario. Y como nuestra idea era ya desde el principio que «la emancipación de la clase obrera debe ser realizada por la propia clase obrera», no podía haber duda sobre cuál de los dos nombres adoptar. Y desde entonces ni se nos ha ocurrido repudiarlo.

Aunque el *Manifiesto* es obra de nosotros dos, me siento obligado a afirmar que la idea central, la que forma su núcleo, pertenece a Marx. Esta idea es la siguiente: que en todas las épocas históricas la forma dominante de producción y comercio, así como la estructura social forzosamente resultante de aquella, constituye la base para la historia política e intelectual de dicha época y sólo se puede explicar a partir de esa base; que, por tanto (desde la desintegración de la sociedad tribal, con propiedad colectiva de la tierra y el suelo), toda la historia de la humanidad ha sido la historia de las luchas de clases, luchas entre las clases de explotados y explotadores, de dominados y dominadores; que la historia de esas luchas atraviesa una serie de etapas y hoy se ha alcanzado una en la que la clase explotada y oprimida (el proletariado) no se podrá emancipar de quien la explota y oprime (la burguesía) sin emancipar al mismo tiempo y para siempre a toda la sociedad de explotación, opresión, diferencias de clase y luchas de clase. A esta idea –que en mi opinión está destinada a significar para la ciencia histórica lo que significó la teoría de Darwin para las Ciencias Naturales–, nos habíamos aproximado gradualmente ambos varios años antes de 1845. Hasta dónde había avanzado yo en esa dirección de forma independiente se refleja en mi *La situación de la clase obrera en Inglaterra*. Pero cuando volví a encontrarme con Marx en Bruselas en la primavera de 1845, él la había elaborado por completo y me la presentó en palabras casi tan claras como las que he escrito más arriba.

[...]

Esta traducción ha sido realizada por Samuel Moore, traductor de la mayor parte de *El Capital* de Marx. La hemos revisado juntos y yo he añadido algunas notas explicativas de las referencias históricas.

Londres, 30 de enero de 1888

FRIEDRICH ENGELS

Prefacio de la edición alemana de 1890

[...]

«¡Proletarios de todos los países, uníos!» Sólo un puñado de voces respondió cuando lanzamos esas palabras al mundo, hace ahora 42 años, en vísperas de la revolución de París, en la que el proletariado participó con sus propias reivindicaciones. Pero el 28 de septiembre de 1864 se unieron los proletarios de la mayoría de los países de Europa occidental en la Asociación Internacional de Trabajadores, de gloriosa memoria. Ahora bien, aquella Internacional duró sólo ocho años. Pero no hay mejor testimonio que el día de hoy de que la eterna unión de proletarios de todos los países fundada por ella sigue viva y más fuerte que nunca. Pues hoy, mientras escribo estas páginas, el proletariado europeo y americano pasa revista a su ejército, movilizado por primera vez como *un único* ejército, bajo *una* bandera y para lograr *un* próximo objetivo: la promulgación por ley de la jornada laboral normal de ocho horas, ya proclamada en el Congreso de la Internacional, celebrado en Ginebra en 1866, y de nuevo por el Congreso de los Trabajadores, en París en 1889. Y el espectáculo de hoy revelará a los capitalistas y terratenientes de todo el mundo que, en efecto, los proletarios de todos los países ya están unidos.

¡Ah, si Marx estuviese a mi lado para poder verlo con sus propios ojos!

Londres, 1 de mayo de 1890
FRIEDRICH ENGELS

Nuestro programa y la situación política

Actas del congreso de fundación del Partido Comunista
de Alemania (31 de diciembre de 1918 – 1 de enero de 1919)
Rosa Luxemburg

Si hoy nos enfrentamos a la tarea de discutir y aprobar nuestro programa, no se debe sólo a una cuestión de forma, por habernos constituido ayer como nuevo partido independiente y porque un partido nuevo tiene que aprobar oficialmente un programa; nuestro debate de hoy sobre el programa tiene grandes acontecimientos históricos como trasfondo, a saber, que estamos en un momento en el que el programa socialdemócrata y socialista del proletariado debe asentarse sobre una nueva base. Camaradas del partido, para ello estamos retomando el hilo que trenzaron Marx y Engels hace setenta años en *El manifiesto comunista*. Como saben, *El manifiesto comunista* consideraba que el socialismo, la consecución de los objetivos socialistas, era la tarea inmediata de la revolución proletaria. Ésa fue la opinión que defendieron Marx y Engels durante la Revolución de 1848 y que consideraban la base para la acción proletaria, también a nivel internacional. Entonces ambos creían, y con ellos los pensadores más destacados del movimiento proletario, que se encontraban ante la tarea urgente de introducir el socialismo; bastaría con realizar una revolución política, apropiarse del poder político del Estado, para que el socialismo se materializase de inmediato. Como ya saben, más tarde los propios Marx y Engels revisaron a fondo aquella idea. Esto es lo que dicen sobre su propia obra en el primer prefacio que aún firmaron juntos, el de la edición de 1872 de *El manifiesto comunista* (reproducido en la edición de 1894):

Este pasaje (al final del capítulo II, es decir, las medidas prácticas que deben adoptarse para instaurar el socialismo) sería hoy distinto en muchos aspectos. Algunas partes de dicho programa han quedado obsoletas, dado el enorme desarrollo de la gran industria durante los últimos veinticinco años y, en paralelo, de la organización de clase obrera como partido, y dadas también las experiencias primero de la Revolución de Febrero y aún más de la Comuna de París, cuando por primera vez el proletariado se hizo durante dos meses con el poder político. Sobre todo, la Comuna ha demostrado que «la clase obrera no puede sin más ni más adueñarse de una maquinaria estatal ya lista y ponerla en funcionamiento para sus propios objetivos».

Y ¿qué dice ese pasaje que declararon obsoleto? Esto es lo que dice *El manifiesto comunista*:

El proletariado usará su hegemonía política para arrebatar progresivamente todo el capital a la burguesía y para reunir todos los instrumentos de producción en manos del Estado, es decir, en manos del proletariado organizado como clase dominante, y para hacer crecer cuanto antes el volumen de las fuerzas productivas.

Naturalmente, todo esto sólo podrá hacerse al principio mediante intervenciones despóticas en el derecho de propiedad y en el régimen de producción burgués, esto es, mediante medidas que se antojan insuficientes e insostenibles desde el punto de vista económico, pero que según avance el movimiento se proyectarán más allá de sí mismas y serán inevitables para reformar a fondo los sistemas de producción.

Por supuesto, estas medidas serán diferentes en los distintos países. Sin embargo, en los países más avanzados las siguientes podrán aplicarse de forma bastante generalizada:

1. Expropiación de la tierra y asignación de sus rentas a los gastos del Estado.
2. Impuestos fuertemente progresivos.
3. Abolición del derecho de herencia.
4. Confiscación de los bienes de todos los emigrados y sediciosos.
5. Centralización del crédito en manos del Estado a través de un banco nacional con capital del Estado y monopolio exclusivo.

6. Centralización de los medios de transporte en manos del Estado.

7. Aumento del número de fábricas nacionales y de los instrumentos de producción, extensión de la roturación y mejora de las propiedades agrarias, todo ello con arreglo a un plan común.

8. Trabajo obligatorio para todos, creación de ejércitos industriales, en particular para la agricultura.

9. Armonización de la explotación agrícola e industrial, intervención para eliminar gradualmente las diferencias entre ciudad y campo.

10. Educación pública y gratuita para todos los niños. Abolición del trabajo infantil en las fábricas en su forma actual. Combinación de educación y producción material, etc.

Como ven, se trata, con pocas variaciones, de las mismas tareas ante las que nos encontramos hoy: la implantación y la aplicación del socialismo. Entre el momento en el que se formuló aquel programa y la fecha actual median setenta años de desarrollo capitalista, y la dialéctica histórica ha conducido a que hoy volvamos a aquella creencia que más tarde Marx y Engels rechazaron por errónea. En aquel tiempo tenían buenas razones para hacerlo. La evolución del capitalismo que ha tenido lugar desde entonces nos ha llevado ahora a ver como verdad aquello que en el pasado era un error; y hoy tenemos la tarea inmediata de cumplir lo que Marx y Engels defendieron en 1848. Pero entre aquella fase de desarrollo, el principio, y nuestra comprensión y tarea actuales, no sólo media el desarrollo del capitalismo, sino también del movimiento obrero socialista y ante todo del de Alemania, como país situado a la cabeza del proletariado moderno. Tal desarrollo ha ocurrido de una manera muy peculiar. Después de que Marx y Engels, tras la decepción provocada por la Revolución de 1848, dejasen de creer que el proletariado estaba en condiciones de implantar el socialismo de forma directa e inmediata, surgieron en aquel país partidos socialdemócratas y socialistas con un planteamiento diferente. La tarea inmediata consistiría entonces en las escaramuzas cotidianas en el terreno político y económico, para ir reclutando poco a poco los ejércitos del proletariado llamados a implantar el socialismo cuando el capitalismo hubiese madurado lo suficiente. Ese drástico vira-je, ese fundamento radicalmente distinto sobre el que se colocó el programa socialista, ha adoptado una forma muy peculiar en Alemania. Hasta que se vino abajo el 4 de agosto, la socialdemocracia alemana se había regido por el Programa de Erfurt,[1] en el que se daba prioridad a las llamadas próximas tareas mínimas y el socialismo se proponía como lejana culminación, como última meta. Pero lo esencial no es la letra del programa, sino cómo llenar de vida dicho programa; y para entenderlo así hay un importante documento histórico de nuestro movimiento obrero que resulta fundamental, a saber, aquel «Prefacio» que escribió Friedrich Engels en 1895 para *Las luchas de clases en Francia*. Camaradas, no abordo estas cuestiones sólo por interés hacia la historia, sino que se trata de un asunto de actualidad y de un deber histórico, ante los que nos encontramos hoy, al situar nuestro programa sobre el mismo terreno sobre el que se encontraban Marx y Engels en 1848. Después de las transformaciones provocadas entretanto por la evolución histórica, tenemos el deber de realizar una revisión clara y consciente en contra de la interpretación que prevalecía en la socialdemocracia alemana hasta la debacle del 4 de agosto. Esta es la revisión que debemos realizar hoy de forma oficial.

1. El Partido Socialdemócrata aprobó en 1891 el llamado Programa de Erfurt, uno de cuyos puntos más importantes era la renuncia a la agitación revolucionaria para alcanzar el socialismo por medios democráticos y centrar la actividad política en la mejora gradual de las condiciones de vida de los obreros. El 4 de agosto de 1914 el SPD votó a favor de los créditos para financiar la guerra de Alemania contra Rusia, dando marcha atrás en su postura de oponerse a tal guerra. Fue el principio de una fractura que llevaría en última instancia a la fundación del Partido Comunista y a la escisión de la Segunda Internacional. *(N. del T.)*

Prefacio de León Trotski a la primera edición en afrikáans, de 1937

¡Resulta casi increíble que falten sólo diez años para el centenario de *El manifiesto comunista*! Dicho manifiesto, el más genial de todos los que existen en la literatura mundial, aún nos sorprende por su frescura. Da la impresión de que sus partes principales han sido escritas ayer. No cabe duda de que sus jóvenes autores (Marx tenía veintinueve años, Engels, veintisiete), supieron mirar hacia el futuro como nadie antes que ellos, y quizá como nadie mucho después.

Ya en el prefacio a la edición de 1872, Marx y Engels señalaban que, aunque algunos pasajes secundarios del *Manifiesto* hubiesen quedado anticuados, no se sentían legitimados para modificar el texto original, pues, durante los veinticinco años transcurridos, el *Manifiesto* se había convertido en un documento histórico. Desde entonces han transcurrido otros sesenta y cinco años y algunos fragmentos aislados del *Manifiesto* se han hundido aún más en el pasado. En este prefacio vamos a intentar presentar, de forma resumida, tanto las ideas del *Manifiesto* que han conservado su fuerza hasta nuestros días como aquellas que hoy necesitarían ser modificadas a fondo o completadas.

1. La concepción materialista de la Historia, que Marx había descubierto sólo algo antes de la publicación del *Manifiesto* y que aplicó en él con absoluta maestría, ha resistido perfectamente a la prueba de los acontecimientos y a los ataques de la crítica hostil: hoy constituye uno de los

instrumentos más valiosos del pensamiento humano. Todas las demás interpretaciones de los procesos históricos
han perdido cualquier atisbo de valor científico. Podemos
decir con certeza que hoy resulta imposible no ya ser un
revolucionario militante, incluso sólo una persona políticamente instruida, sin haber asumido la concepción materialista de la Historia.

El primer capítulo del *Manifiesto* comienza con la siguiente frase: «La historia de todas las sociedades que han
existido es la historia de la lucha de clases». Esta tesis, que
se alza como la conclusión más importante de la concepción materialista de la Historia, no ha tardado en convertirse en sí misma en objeto de la lucha de clases. Dicha tesis,
que reemplazaba el «bien común», «la unidad nacional»
y las «verdades eternas de la moral» por la lucha entre
intereses materiales, considerados como la fuerza motriz,
ha sufrido ataques particularmente virulentos por parte
de los reaccionarios hipócritas, los liberales doctrinarios y
los demócratas idealistas. A ellos vinieron a sumarse después, esta vez en el propio seno del movimiento obrero,
los llamados revisionistas, es decir, los defensores de revi-
sar el marxismo con miras a lograr la colaboración y la
reconciliación entre las clases. Finalmente, en nuestra era,
los despreciables epígonos de la Internacional Comunista
(los «estalinistas») han emprendido el mismo camino: la
política de los llamados «frentes populares» surge en su
totalidad de la negación de las leyes de la lucha de clases.
Y sin embargo es la era del imperialismo la que, al llevar
al extremo todas las contradicciones sociales, entraña el
triunfo teórico de *El manifiesto comunista*.

En *El Capital* (1867), Marx explicaría de forma exhaustiva la anatomía del capitalismo como fase concreta de la
evolución económica de la sociedad. Pero en *El manifiesto
comunista* ya estaban dibujadas con trazo firme las líneas
fundamentales de su análisis futuro: la retribución del trabajo en la medida indispensable para la producción; la
apropiación de la plusvalía por los capitalistas; la compe-

tencia como ley fundamental de las relaciones sociales; la ruina de las clases medias, es decir, de la pequeña burguesía urbana y del campesinado; la concentración de la riqueza en un número cada vez más reducido de propietarios, en un extremo, y el crecimiento numérico del proletariado, en el otro; la preparación de las condiciones materiales y políticas del régimen socialista.

2. La tesis del *Manifiesto* sobre la tendencia del capitalismo a bajar el nivel de vida de los obreros, llevándolos incluso a la pauperización, ha sido criticada con virulencia. Los sacerdotes, los profesores, los ministros, los periodistas, los teóricos socialdemócratas y los dirigentes sindicales han alzado su voz contra la teoría de la «pauperización» progresiva. Todos ellos han señalado el bienestar creciente de los trabajadores, haciendo pasar la aristocracia obrera por el proletariado o considerando una tendencia temporal como una tendencia general. Mientras tanto, la evolución misma del capitalismo más poderoso, el de Norteamérica, ha convertido en pobres a millones de obreros, mantenidos a costa de la caridad estatal, municipal o privada.

3. En contraste con el *Manifiesto*, que describía las crisis comerciales-industriales como una serie de catástrofes cada vez más graves, los revisionistas afirmaban que el desarrollo nacional e internacional de los grandes consorcios empresariales garantiza el control del mercado y lleva gradualmente a la superación de las crisis. Es cierto que el final del siglo pasado y el inicio de este se han caracterizado por un desarrollo tan impetuoso que las crisis no parecían más que paréntesis «accidentales». Pero esa época pertenece irremediablemente al pasado. Ha resultado que también en este asunto la verdad se encontraba del lado del *Manifiesto*.

4. «El gobierno en los Estados modernos no es más que un comité que administra los negocios comunes de toda la clase burguesa.» En esta fórmula resumida, que a los dirigentes socialdemócratas les parecía una paradoja perio-

dística, está contenida en realidad la única teoría científica del Estado. La democracia creada por la burguesía no es una cáscara vacía que, como pensaban tanto Bernstein como Kautsky, se puede rellenar tranquilamente con el contenido de clase que se desee. La democracia burguesa sólo puede ser útil a la burguesía. Los gobiernos de «frente popular», da igual que los dirijan Blum o Chautemps, [Largo] Caballero o Negrín, no son más que «un comité que administra los negocios comunes de toda la clase burguesa». Y cuando este «comité» funciona mal, la burguesía lo echa a patadas.

5. «Toda lucha de clases es una lucha política.» «Esa organización de los proletarios como clase y, por consecuencia, como partido político...» Los sindicalistas por un lado y los anarcosindicalistas por otro se han escabullido y aún intentan escabullirse de la comprensión de estas leyes históricas. El sindicalismo «puro» está recibiendo hoy un golpe terrible en su refugio principal, Estados Unidos. El anarcosindicalismo ha sufrido una derrota irreparable en su último bastión, España. También en este tema el *Manifiesto* ha tenido razón.

6. El proletariado no puede conquistar el poder en el marco de las leyes promulgadas por la burguesía. «Los comunistas... declaran abiertamente que sólo pueden alcanzar sus objetivos derribando violentamente todos los órdenes sociales que han existido hasta hoy.» Los reformistas han intentado explicar esta tesis del *Manifiesto* por la falta de madurez del movimiento en aquella época y por el desarrollo insuficiente de la democracia. La suerte de las «democracias» italiana, alemana y de muchas más demuestra que si había algo que no estaba maduro eran precisamente las ideas reformistas.

7. Para realizar la transformación socialista de la sociedad es necesario que la clase obrera concentre en sus manos un poder capaz de destruir todos los obstáculos políticos que se encuentren en el camino hacia un orden nuevo. El «proletariado organizado como clase dominante» es la dicta-

dura. Al mismo tiempo, es la única democracia proletaria verdadera. Su envergadura y su profundidad dependen de las condiciones históricas concretas. Cuanto mayor sea el número de Estados que se lanzan a la revolución socialista, más libres y flexibles serán las formas de dictadura y más amplia y profunda será la democracia obrera.

8. El desarrollo internacional del capitalismo implica el carácter internacional de la revolución proletaria. «La acción conjunta, al menos en los países civilizados, es una de las condiciones primordiales para su emancipación.» El desarrollo ulterior del capitalismo ha ligado entre sí de tal manera las distintas partes de nuestro planeta, tanto «civilizadas» como «no civilizadas», que el problema de la revolución socialista ha adquirido absoluta y definitivamente un carácter mundial. La burocracia soviética ha pretendido silenciar el *Manifiesto* en este aspecto esencial. La degeneración bonapartista del Estado soviético se ha convertido en ilustración mortífera de la mentira de la teoría del socialismo en un solo país.

9. «Una vez desaparecidas durante este proceso las diferencias de clase y cuando toda la producción esté ya concentrada en manos de los individuos asociados, el poder estatal pierde su carácter político.» En otras palabras, el Estado se desvanece. Queda la sociedad, liberada de su camisa de fuerza. Eso es el socialismo. El teorema inverso, el crecimiento monstruoso de la coerción estatal en la URSS demuestra que la sociedad se está alejando del socialismo.

10. «Los obreros no tienen patria.» Los filisteos han considerado a menudo que esta frase del *Manifiesto* es una provocación para llevar a la agitación. En realidad, daba al proletariado la única directriz racional sobre el problema de la «patria» capitalista. La eliminación de esta directriz por la Segunda Internacional ha acarreado no sólo la destrucción de Europa durante cuatro años, sino también el estancamiento actual de la cultura mundial. Ante la nueva guerra que se avecina, cuyo camino ha despejado la Terce-

ra Internacional, el *Manifiesto* continúa siendo en nuestros días el consejero más seguro sobre la cuestión de la
«patria» capitalista.

* * *

Así, vemos que este opúsculo de los dos jóvenes autores sigue
ofreciendo indicaciones insustituibles en los temas fundamentales
y más candentes de la lucha emancipadora. ¿Qué otro libro podría medirse, aunque fuese de lejos, con *El manifiesto comunista*?
Sin embargo, eso no quiere decir en absoluto que, después de no-
venta años de desarrollo sin parangón de las fuerzas productivas
y de grandiosas luchas sociales, el *Manifiesto* no requiera rectifica-
ciones y añadidos. El pensamiento revolucionario no tiene nada
que ver con la idolatría. Los programas y los pronósticos se verifi-
can y corrigen a la luz de la experiencia, que es la instancia supre-
ma para el pensamiento humano. Como demuestra la propia experiencia histórica, sólo es posible aportar con éxito correcciones
y añadidos al *Manifiesto* partiendo del método sobre el que se
basa. Vamos a intentar mostrarlo usando los ejemplos más destacados.

1.   Marx enseñaba que ningún orden social abandona la escena antes de haber agotado sus posibilidades creadoras.
El *Manifiesto* fustiga al capitalismo por obstaculizar el desarrollo de las fuerzas productivas. Sin embargo, en su
momento, igual que durante las siguientes décadas, este
obstáculo era sólo relativo: si, en la segunda mitad del siglo XIX, la economía hubiera podido organizarse sobre
bases socialistas, el ritmo de su crecimiento habría sido
incomparablemente más veloz. Esta tesis, en teoría indis-
cutible, no altera el hecho de que las fuerzas productivas
continuaron creciendo sin interrupción en todo el mundo
hasta la guerra mundial. Sólo durante los últimos veinte
años, a pesar de las conquistas más modernas de la ciencia
y la tecnología, se ha iniciado la época del estancamiento
e incluso del declive de la economía mundial. La humani-

dad ha comenzado a vivir a costa del capital acumulado y la guerra venidera amenaza con destruir por mucho tiempo los mismísimos cimientos de la civilización. Los autores del *Manifiesto* contaban con que el capitalismo se fracturaría mucho antes de mutar de un régimen reaccionario relativo a un régimen reaccionario absoluto. Pero esta mutación no se ha vuelto evidente más que a la generación actual, y ha convertido nuestro tiempo en una época de guerras, revoluciones y fascismo.

2. El error de Marx-Engels en cuanto a los plazos históricos provenía por un lado de subestimar las posibilidades ulteriores inherentes al capitalismo, y por otro de sobrestimar la madurez revolucionaria del proletariado. La Revolución de 1848 no se transformó en una revolución socialista, como preveía el *Manifiesto*, sino que ofrecería después a Alemania la posibilidad de un desarrollo formidable. La Comuna de París demostró que el proletariado no podía arrebatar el poder a la burguesía sin tener a su cabeza un partido revolucionario experimentado. Sin embargo, el largo periodo subsiguiente de auge capitalista no producirá la educación de una vanguardia revolucionaria, sino, por el contrario, la degeneración burguesa de la burocracia obrera que se convirtió en el principal freno para la revolución proletaria. Era imposible que los autores del *Manifiesto* hubiesen podido prever esa «dialéctica».

3. Para el *Manifiesto*, el capitalismo es el reino de la libre competencia. Hablando de la concentración creciente del capital, el *Manifiesto* no extrae aún la conclusión necesaria sobre el monopolio, que se ha convertido en la actualidad en la forma dominante del capitalismo y en la premisa más importante de la economía socialista. Sólo más tarde constataría Marx, en *El Capital*, la tendencia hacia la transformación de la libre competencia en monopolio. Fue Lenin en *El imperialismo* quien caracterizó científicamente el capitalismo monopolista.

4. Partiendo sobre todo del ejemplo de la «revolución industrial» inglesa, los autores del *Manifiesto* imaginaron de

una forma demasiado lineal el proceso de liquidación de las clases intermedias, como la proletarización completa del artesanado, del pequeño comercio y del campesinado. En realidad, las fuerzas elementales de la competencia no han acabado ni con mucho esta obra a la vez progresista y bárbara. El capitalismo arruinó a la pequeña burguesía mucho más deprisa de lo que la proletarizó. Además, la política consciente del Estado burgués tiene desde hace mucho el objetivo de conservar artificialmente los estratos pequeñoburgueses. El crecimiento tecnológico y la racionalización de la gran producción, al mismo tiempo que por un lado generaban un desempleo intrínseco, frenaban en el otro extremo la proletarización de la burguesía. Simultáneamente, el desarrollo del capitalismo ha incrementado de forma extraordinaria las filas de técnicos, administradores, empleados comerciales, en resumen, de lo que se ha llamado «la nueva clase media». El resultado es que las clases medias, cuya desaparición prevé el *Manifiesto* de manera tan categórica, constituyen más o menos la mitad de la población, incluso en un país tan altamente industrializado como Alemania. Sin embargo, la conservación artificial de los estratos pequeñoburgueses caducos desde hace mucho no amortigua en absoluto las contradicciones sociales; por el contrario, las vuelve particularmente malsanas. Al sumarse al ejército permanente de parados, se convierte en la expresión más dañina de la putrefacción del capitalismo.

5.   El *Manifiesto*, concebido para una época revolucionaria, contiene al final del capítulo II diez reivindicaciones relativas a la fase de transición inmediata del capitalismo al socialismo. En su prefacio de 1872, Marx y Engels señalaban que dichas reivindicaciones se habían quedado en parte obsoletas y que en todo caso sólo tenían una importancia secundaria. Los reformistas se apoderaron de esta afirmación y la interpretaron en el sentido de que aquellas consignas revolucionarias para la transición cedían definitivamente su lugar al «programa mínimo» de la socialde-

mocracia, que, como sabemos, no rebasaba los límites de la democracia burguesa.

En realidad, los autores del *Manifiesto* habían indicado con toda precisión la corrección principal que se debía realizar en su programa de transición, es decir: «la clase obrera no puede sin más ni más adueñarse de la maquinaria estatal tal como está y ponerla en funcionamiento para sus propios objetivos». Dicho de otra manera, la corrección se dirigía contra el fetichismo de la democracia burguesa. Marx opondría más tarde al Estado capitalista el Estado del tipo de la Comuna. Este «tipo» adoptará después la forma más concreta de los soviets. Hoy no puede haber programa revolucionario sin soviets y sin control obrero. En cuanto a todo lo demás, es decir, las diez reivindicaciones del *Manifiesto* que, en la época de la pacífica actividad parlamentaria parecían «arcaicas», han recobrado en el presente toda su fuerza. Pero lo que sí se ha quedado obsoleto sin remedio es el «programa mínimo» socialdemócrata.

6. Para justificar la esperanza de que «la revolución burguesa alemana sólo puede ser el preludio inmediato de una revolución proletaria», el *Manifiesto* invoca las condiciones generales bastante más avanzadas de la civilización europea en comparación con las de la Inglaterra del siglo XVII y las de la Francia del siglo XVIII, así como el desarrollo mucho mayor del proletariado. El error de este pronóstico no estriba sólo en el plazo. Algunos meses más tarde, la Revolución de 1848 mostrará precisamente que, en condiciones más avanzadas, ninguna de las clases burguesas es capaz de llevar la revolución hasta sus últimas consecuencias; la gran y la mediana burguesía están demasiado ligadas a los grandes propietarios y demasiado unidas por el miedo a las masas; la pequeña burguesía está demasiado dispersa y, a través de sus dirigentes, depende demasiado de la gran burguesía. Como demostraría después la evolución en Europa y Asia, ya no es posible realizar la revolución burguesa sin más, aislada de

otras. Sólo es posible purificar la sociedad de sus residuos feudales si el proletariado, liberado de la influencia de los partidos burgueses, está en condiciones de ponerse a la cabeza del campesinado y de instaurar su dictadura revolucionaria. Así, la revolución burguesa se junta con la primera etapa de la revolución socialista para disolverse después en ella. La revolución nacional se convierte entonces en un eslabón de la revolución internacional. La transformación de las bases de la economía y de todas las relaciones sociales adquiere un carácter permanente.

Para los partidos revolucionarios de los países atrasados de Asia, Latinoamérica y África, es cuestión de vida o muerte comprender con claridad la relación orgánica de la revolución democrática con la dictadura del proletariado, y por tanto con la revolución socialista internacional.

7. Aunque el *Manifiesto* muestra cómo el capitalismo arrastra en su torbellino a los países atrasados y bárbaros, nada dice sobre la lucha de los pueblos coloniales y semi coloniales por su independencia. Puesto que Marx y Engels consideraban que la revolución socialista tendría lugar en los años siguientes, «al menos en los países civilizados», el tema de las colonias quedaba resuelto en su opinión no como resultado de un movimiento autónomo de los pueblos oprimidos, sino como resultado de la victoria del proletariado en las metrópolis del capitalismo. Por eso las cuestiones de estrategia revolucionaria en los países coloniales y semi coloniales no se abordan en el *Manifiesto* ni siquiera de pasada. Pero son cuestiones que exigen soluciones específicas. Así, por ejemplo, es evidente que aunque la «patria nacional» se ha convertido en el peor freno histórico en los países capitalistas desarrollados, sigue siendo un factor relativamente progresista en los países atrasados que están obligados a luchar por una existencia independiente. «Los comunistas», dice el *Manifiesto*, «apoyan en todas partes cualquier movimiento revolucionario dirigido contra el orden social y político

existente.» El movimiento de las razas de color contra los opresores imperialistas es uno de los movimientos más importantes y más poderosos contra el orden existente, y por ello es imprescindible que el proletariado de raza blanca le ofrezca su apoyo total, indiscutido y sin reticencias. Lenin, en particular, tuvo el mérito de haber desarrollado la estrategia revolucionaria de los pueblos oprimidos.

8. La parte más obsoleta del *Manifiesto* –no en cuanto al método, sino en cuanto a su objeto– es la crítica de la literatura «socialista» de la primera mitad del siglo XIX (cap. 3) y la definición de la postura de los comunistas frente a los diversos partidos de la oposición (cap. 4). Las tendencias y los partidos enumerados en el *Manifiesto* fueron barridos de forma tan radical por la Revolución de 1848 o por la contrarrevolución subsiguiente, que la historia ya ni siquiera los menciona. Y sin embargo puede que también esta parte del *Manifiesto* nos resulte hoy más cercana que a la generación anterior. En la época de prosperidad de la Segunda Internacional, cuando el marxismo parecía reinar sin rival, las ideas del socialismo anteriores a Marx se podían considerar como definitivamente caducas. Hoy ya no es así. La decadencia de la socialdemocracia y de la Internacional Comunista engendra a cada paso recaídas ideológicas monstruosas. Digamos que el pensamiento senil está regresando a la infancia. En busca de fórmulas de salvación, los profetas de la época de decadencia están redescubriendo doctrinas sepultadas hace mucho por el socialismo científico. En cuanto al tema de los partidos de oposición, el paso de las décadas ha producido cambios muy profundos: no sólo hace tiempo que los viejos partidos fueron reemplazados por otros nuevos, sino que, en las condiciones de la era imperialista, se ha transformado también el carácter mismo de los partidos y de sus relaciones mutuas. Así, es necesario completar el *Manifiesto* con los principales documentos de los cuatro primeros Congresos de la Internacional Co-

munista, con la bibliografía fundamental del bolchevismo y con las decisiones de las Conferencias de la Cuarta Internacional.

Recordábamos más arriba que, según Marx, ningún orden social abandona la escena antes de haber agotado sus posibilidades inherentes. Sin embargo, un orden social, aunque caduco, no cede su sitio a un orden nuevo sin resistencia. El cambio de orden social entraña la lucha de clases más encarnizada, es decir, la revolución. Pero el proletariado, por la razón que sea, puede revelarse incapaz de derribar el orden burgués periclitado; entonces, el capital financiero peleará para mantener su dominio tambaleante, transformando a la pequeña burguesía, a la que ha llevado a la desesperación y a la desmoralización, en un ejército ejecutor de los pogromos del fascismo. La degeneración burguesa de la socialdemocracia y la degeneración fascista de la pequeña burguesía están entrelazadas como causa y efecto.

Hoy, la Tercera Internacional, con una osadía aún más desmedida que la Segunda, desempeña la tarea de engañar y desmoralizar a los trabajadores en todos los países. Al atacar a la vanguardia del proletariado español, los mercenarios sin escrúpulos de Moscú no sólo despejan el camino al fascismo, sino que realizan por él buena parte del trabajo. La larga crisis de la revolución internacional, que cada vez más se está transformando en una crisis de la cultura humana, se reduce en el fondo a la crisis del liderazgo revolucionario.

Como sucesora de esa gran tradición de la que *El manifiesto comunista* es el eslabón más valioso, la Cuarta Internacional está formando otra vez dirigentes para afrontar viejas tareas. La teoría es la realidad generalizada. Nuestra voluntad apasionada de reorganizar el orden social se expresa en una actitud honesta hacia la teoría revolucionaria. El hecho de que en el subcontinente negro nuestros camaradas de ideas hayan traducido por primera vez el *Manifiesto* a la lengua de los bóeres confirma con claridad que el pensamiento marxista sólo se mantiene vivo bajo la bandera de la Cuarta Internacional. Suyo es el futuro. En el centenario de *El manifiesto comunista*, la Cuarta Internacional será la fuerza revolucionaria decisiva sobre nuestro planeta.

LEÓN TROTSKI
Coyoacán, 30 de octubre de 1937

COMENTARIOS CONTEMPORÁNEOS

Una parte muy bondadosa de mi ADN
Marta Sanz

1. Yo, como muchas otras mujeres, también soy hija de un comunista. Como Aroa, como Amada, como Isabel, como Inés. Soy hija de un lobito bueno. Mi padre no me educó con los axiomas de una boa constrictor ni con el puritanismo de un ortodoxo. Cuando yo andaba aprendiendo a sumar y restar, no me hablaba de la acumulación del capital ni de la plusvalía. Me llevó a la escuela pública cuando se llamaban colegios nacionales y eran lugares confesionales y, en algunos casos, franquistas. «Purísima Virgen, encanto de Dios...» Allí, la hija del comunista convivía con las hijas de los camareros que votaban a la Unión de Centro Democrático y confiaban en Adolfo Suárez y Juan Carlos I de España. Los comunistas son personas excesivamente confiadas. No me adoctrinó y yo podía haber sido una princesa prisionera en el cuerpo de una rana. O lo que es peor: una rana prisionera en el cuerpo de una princesa o de una azafata del «Un, dos, tres».

2. Mi padre no me obligó a leer *El manifiesto comunista* ni me obligó a leer nada que yo no quisiera leer. Me dejó bailar como Isadora Duncan y como Salomé con sus siete velos. Yo atravesaba la casa en puntas, poseída por el espíritu de la Pavlova, y sacaba molla en mis piernitas. Leía *Esther y su mundo* y escribía comentarios de texto para encontrar metáforas como si las metáforas fueran té de las peñas o níscalos bajo el tronco de un pino. Flores ornamentales. Mi padre me advertía: «Hija, me parece que eso no se hace así». Yo me in

dignaba: «Y tú qué sabrás de la belleza». Porque es bien sabido que los comunistas detestan lo bello y lo ideal, aunque a mi padre Shostakóvich le gusta por razones musicales y extramusicales que, en el fondo y la forma, son lo mismo. Mi padre era un hombre cauto, que iba a su bola, y yo era la comisaria política del arte por el arte y de la posmodernidad.

3. Cierro el capítulo de los traumas infantiles de la hija de un comunista con la anotación de algunos problemas no demasiado trascendentales: asumir en la infancia, egoísta y depredadora, cuando la niña es loba para la niña, que «Todo es de todos» no es fácil. Cuando mi prima B llega de vacaciones a mi casa, hablábamos de «la silla de B» y «la cuchara de B» y «las construcciones de madera de B». Conmigo insisten: «Todo es de todos» –y de todas, añadiríamos hoy– y no había «silla de M» ni «cuchara de M» ni «recortables de M». A mí no me gustaban las construcciones de madera: era más de ropa y complementos, y de muñequitas de cartón. Tuve mucho resentimiento. Pero fui buenísima. Compartí. Aguanté. También entendí la justa ira y la semillita del rencor de clase. Los muchos focos de los que puede nacer una brecha de desigualdad.

4. El otro día cogí un taxi y el taxista me dio una lección hobbesiana y marxista. Me dijo: «Los seres humanos nacemos de derechas. Mío. Mío. El pez grande se come al pequeño. Quítate tú que me pongo yo». Según la metodología intertextual –que también tiene algo de marxismo, igual que Zizek o el constructivismo vigotskiano– y su sabio precepto de que unas cosas nos llevan a otras –la magdalena a la infancia y la infancia a la despreocupación de la libérrima hija del comunista que corría como una loca por el patio del colegio para que Miguelito no le levantase la falda–, recordé un vídeo que vi en la tele: una niña tiraba de los pelos a otra porque esa otra había soplado las tres velitas del cumpleaños de la primera. La primera reaccionó mal, pero la segunda, mientras la tiraban de los pelos, sonreía. Cuánta violencia para los tres añitos. El taxista prosiguió: «Como nacemos así, tenemos que educarnos, estudiar mucho. Llegar a ser de izquierdas es

el resultado de haber pensado y estudiado mucho». Federico y Carlos sabían perfectamente quiénes eran Hobbes y Adam Smith, pero no creo que se interesasen gran cosa por la psicología infantil: estaban más preocupados por los niños que trabajaban en las fábricas, por la prole explotada de los proletarios del mundo. Y, sin embargo, en la imagen de la niña que tira del pelo a la otra porque le ha quitado el lugar y el privilegio, en la lección que me dio el taxista, vislumbro claves marxianas —quizá un poco demasiado humanistas— para entender la realidad. Veo lo grande en lo pequeño. Lo atisbo en las posiciones astrales y en las siempre ofensivas declaraciones de lo que se llama derecha civilizada. Temo que decir «derecha civilizada» es un oxímoron y «comunista bueno/a» una redundancia. A mí, como a todas las marxistas, nos interesa mucho la retórica. En cuanto a mi taxista —y decir *mío* es impropio y feudal—, seguro que no había leído *El manifiesto comunista*. Pero seguro que era oyente de la cadena SER.

5. Leí *El manifiesto comunista* a los diecisiete años. Yo estaba preparando mi examen de selectividad y puse un empeño especial en las asignaturas de Filosofía e Historia del Arte. La segunda era optativa y no salió en el examen, de modo que se me quedaron en el caletre las bóvedas de cañón, el prerrománico asturiano y Santa Sofía de Estambul. Las ojivas y las gárgolas. Sin embargo, Filosofía era obligatoria y precisamente me tocó hacer un comentario de texto de un pasaje de *El manifiesto comunista*. «Un fantasma recorre Europa: el fantasma del comunismo.» Escribí sobre metáforas y sobre cómo se teme lo que no se conoce y, por eso, a veces los manifiestos son herramientas imprescindibles. También, redundando en la emoción del miedo, comenté algo de que «ladran, luego cabalgamos». Y así seguimos. Saqué un nueve y medio en el examen de selectividad. Luego, la vida y sus condiciones se han encargado muchas veces de recordarme quién soy y ponerme en mi lugar.

6. Releo *El manifiesto comunista* para escribir este prólogo y me sorprendo no sólo de su vigencia, sino de lo mucho que he utilizado sus enseñanzas sin saber del todo que esta-

ban allí. De un modo consciente y aprendido, o inconsciente, adquirido y normalizado, miro la realidad y los textos que la construyen desde las nociones de superestructura e infraestructura y desde el concepto de alienación, que no se nombran así en el texto que hoy tenemos entre manos, pero que lo articulan como médula dentro de esqueleto y tuetanillo de pezuña de vaca. Ciertas maneras de mirar me salen solas. Hay razones y no lo puedo remediar. Asumo que llevo puestas unas gafas que sospecho que corrigen ciertos astigmatismos sociales y miopías económicas. Sé que llevo gafas y que las necesito para ver mejor. Mis lentes me ayudan a detectar y entender. Sospecho que lo habitual y lo más peligroso es no darse cuenta de que llevas unas gafas puestas: pensar que tu mirada es pura y tus ojos no tienen la arenilla de la ideología hegemónica que es la que no se ve. La carta robada de Allan Poe.

7. Ojos claros serenos y esos arranques melosos de nuestra sentimentalidad individualista. De la personalidad anclada en el deseo del amor ñoño. Carlos y Federico podrían ser hoy unos acerados cronistas del universo del corazón o unos analistas violentos de los turrones que vuelven a casa por Navidad. O de los entrañables *spots* de pizzas familiares con bacon y salsa barbacoa.

8. Era lógico que mi padre no me hiciese recitar de memoria las diez medidas, propuestas por Marx y Engels en el *Manifiesto*, para conquistar la democracia. A la única cosa que mi padre trató de obligarme fue a tocar el piano y a conducir. Supongo que la responsabilidad de estos deseos vuelve a recaer en Shostakóvich y en el horizonte de emancipación femenina que mi padre no comprendió para mi madre, pero sí entendió para mí. Hay que subrayar que, en este sentido, los comunistas han aprendido mucho. Yo, siempre obediente y sin ninguna necesidad de matar al padre ni de escribirle una carta, me revolví y me rebelé: el piano exigía muchas horas que yo había previsto dedicarle a otros placeres y la conducción entrañaba demasiados peligros para mí. Canté y escribí poemas y no me sentí sexualmente reprimida y viajé y pinté

cuadros que ponen de manifiesto mi impericia para el dibujo
y mi sensibilidad para los colores.

9. Era lógico que mi padre no me tomase la lección del comunismo –y muy especialmente la lección del comunismo español,
con sus inexcusables especificidades históricas– ni tuviese necesidad de adoctrinarme. La capacidad de observación de un
ser humano, que quiera ser en el buen sentido de la palabra
bueno, nos lleva a comprender con estupor que los diagnósti-
cos sobre la realidad de Marx y Engels no sólo eran certeros en
su tiempo, sino que lo son hoy mismo. Por otra parte, si por
algo se caracteriza el *Manifiesto* es por su falta de doctrinaris-
mo, su versatilidad, su vocación mutante, histórica y hetero-
doxa... ¡Su paganismo! No hay en sus páginas espacio ni para
el sacerdocio ni para la genialidad. La realidad no se enfoca
desde una mirada individualista ni frustrantemente idealista o
autoritaria. Hay necesidad y un intento de intervenir en el curso de una Historia que siempre ha sido escrita a golpes de explotación y lucha de clases: amos y esclavos, señores y vasallos, aristócratas y burgueses, burgueses y proletarios...
Necesidad de llegar al magnífico estadio de superación de la
lucha de clases que implicaría haber suturado esa brecha de
desigualdad que hoy, a consecuencia de las prácticas del liberalismo, las convergentes crisis económica, ecológica y sanita-
ria, el terrorismo feminicida, el desarme cultural y político, no
se hace sino más y más ancha...

10. En mi casa, aun siendo comunistas, siempre hemos sido personas cariñosas. Lo que intentamos no ser, para no amargar-
le la vida a nadie, es ñoñitos. Lo que intentamos es que nuestras partes blandas no nos paralicen o nos dejen ciegos. Que
la felicidad a cualquier precio no obture el sentido crítico.
Nos gustan las fiestas y el amor, pero desconfiamos del pensamiento positivo. De las damas de beneficencia y del espíritu emprendedor que nos hará triunfar en la vida desde la
seguridad en ti misma / ti mismo y la ingesta de buenos solo-
millos de vaca que imprimen carácter, fortaleza y temperamento. O fracasar si es que no hemos puesto el suficiente
empeño resiliente o lameculos o fresita. Todo esto nos hace

muchísimo daño. Últimamente, como sin querer, se nos caen las lágrimas por razones pestíferas y otras catástrofes naturales. No somos cuarzo, sino más bien piedra volcánica. Tan porosa.

11. Al releer el *Manifiesto*, percibo que, desde las mutaciones y las heterodoxias posibles, dos temas merecerían una relectura: la situación de las mujeres, cuyas circunstancias no se analizan en igualdad de condiciones con el hombre, ni en términos de realidad ni en términos de deseo. La emancipación de las mujeres, como género subyugado dentro de cualquier clase y del proletariado en particular, debería abordarse desde su condición de ser humano. Porque el ser humano no incluye sólo al hombre universal, eterno y blanco. No obstante, la percepción de una dependencia prostibularia de las mujeres en el seno de la familia burguesa no es ninguna tontería. No, no señor. No, no, señora. Y, ahora mismo, como soy de letras, me vienen a la cabeza desde *Anna Karenina* a *Los Buddenbrook*. A *Diario de una perdida*.

12. La violencia también requiere una relectura. Revolución o reforma. Revolución incompatible con el trabajo desde las instituciones. Posibilidad del derramamiento de sangre. Barricada. La violencia explícita que se sugiere en el *Manifiesto* ha sido sustituida por un honesto y razonable miedo al derramamiento de sangre, y un cínico y mantenido ejercicio de todas las violencias que, a su vez, el texto denuncia: el proletario es, en sí mismo, una mercancía que pierde su carácter autónomo y la relación con el objeto en cuya producción está involucrado. No es el alfarero que nota formarse la vasija entre sus manos, ni la costurera que va palpando la tela y pespunteando el vestido. El proletario se integra en un engranaje. Es parte de una cadena cuyos eslabones son cada vez más incomprensibles e invisibles. Me acuerdo de *Tiempos modernos* de Chaplin y de *El jefe de todo esto* de Lars Von Trier. La percepción de las relaciones causa-efecto se desdibuja y, con ella, la posibilidad del análisis y la acción. La dulce violencia institucionalizada, frente a la violencia inmoral de la sangre, se encarna en las mujeres de más de cien

años que, a siete grados bajo cero, se tapan con cinco mantas porque no pueden pagar la energía eléctrica, y en los trabajadores pobres de los que se siguen haciendo reportajes en las televisiones «progresistas». Escriben Marx y Engels: «El obrero moderno, en lugar de elevarse con el progreso de la industria, se hunde cada vez más por debajo de las condiciones de vida de su propia clase. El obrero se pauperiza...». Estamos ahí. El obrero, la obrera, es un indigente cuyo salario o cuya ausencia de salario ha de ser complementado por una renta mínima vital. Los que trabajamos tocamos fondo, nos sentimos afortunadas –y afortunados– por podernos *autoexplotar* –deflagración programada, mundo ansiolítico–, mientras las bolsas permanecen estables y las empresas de *tontofonía* móvil se forran. Somos felices porque somos libres. Libres de esta libertad de libre comercio y libre consumo. Siempre y cuando usted se lo pueda pagar. Naturalmente.

13. Respecto a la libertad el *Manifiesto* también tiene algunas cosas que decir. Y respecto a la propiedad privada. Y respecto a las reivindicaciones de los *Cuyetuners* y las caceroladas en el barrio de Salamanca de Madrid. Si Marx y Engels pudiesen vivificarse y poner en movimiento las estatuas metálicas que los mantienen encerrados frente al *Rathaus* berlinés para viajar en una máquina del tiempo se sentirían muy orgullosos de sus habilidades de profética Sibila –redundancia en un mundo en el que necesitamos ser redundantes a causa de la laguna cultural: la retórica lo transparenta todo– y, simultáneamente, estarían muy tristes. Porque, tal como vaticinaron sin velas negras ni bolas de cristal, la libertad es sólo la libertad de comprar y vender. La especulación y la explotación –naturalizada hasta su extrema violencia en las profesiones autónomas *autoexplotadas* a las que me he referido hace un segundo– son las prácticas económicas que dan sentido al capitalismo y nos hemos retrotraído incluso a un estadio anterior al de las revoluciones burguesas: a una especie de aristocratismo feudal que nos lleva a creer que el aristócrata/plutócrata es rico por ser trabajador e inteligente –no un beneficiario de los privilegios sistemáticos y sistémicos del

monopolio y la herencia–. Las presidentas liberales de las co-
munidades autónomas incluso declaran que, por supuesto,
«usted es peor que el rey» –en referencia al emérito– porque
el rey aúna en su persona la doble condición de sol y cumbre
en la jerarquía del Antiguo Régimen y pillería, listeza cuasi
admirable, del hombre de negocios, ladrón de guante blanco
o guante negro, campechano y *bon vivant.* He aquí una de
las patas del banco de nuestra democracia. Leer el *Manifiesto*
ayuda a entender estas cosas con cierta acritud.

14. Hemos vuelto a los tiempos del organicismo idealista cer-
vantino, y al qué buen vasallo si tuviera buen señor. Los em-
presarios nos salvarán de nuestras maldades con su espíritu
filantrópico y su magnificencia. La empresa se ha aristocrati-
zado y el dinero se ha sacralizado. Por debajo, sólo nos queda verlas venir y quienes pensábamos que el futuro ya está
aquí y es superchorra, ahora sentimos un escalofrío que nos
recorre la espina dorsal: ¿sería muy pesimista pensar que vivimos en un *déjà vu* actualizado del Antiguo Régimen? Porque
ni siquiera se han llegado a cumplir los ideales pragmáticos de
unas revoluciones burguesas que los comunistas decimonó-
nicos querían superar. El concepto europeísta de la solidari-
dad forzada es el fruto de las revoluciones burguesas y se
tambalea cada vez que los dueños de todo esto –también de
las palabras y de los medios de comunicación– sienten que
una pequeña amenaza –ni siquiera la del aterrador fantasma
del comunismo– se cierne sobre ellos. Los comunistas deci-
monónicos se adelantaron a la conquista del espacio y a las
sartenes revestidas de teflón. Quizá la dificultad de ser comunista en los tiempos que corren tiene que ver con que los
tiempos aún no están a la altura. Estos tiempos son antes.
Antes. Mucho tiempo atrás.

15. Ahora nos preocupa el *incomprensible* fenómeno de VOX.
Un fenómeno que tiene de incomprensible lo mismo que yo
de fanática compradora de muebles que convierten mi piso
en la república independiente de mi casa porque lo dice la
publicidad... Escriben Marx y Engels a propósito del «socialismo feudal»: «En la Revolución francesa de julio de 1830

(...) para despertar simpatías, la aristocracia tuvo que simular que perdía de vista sus intereses y formular sus acusaciones contra la burguesía en nombre de la clase obrera explotada. (...) Enarbolaban por bandera el zurrón de mendigo del proletario para congregar tras de sí al pueblo». Eso es VOX y el Frente Nacional y Bolsonaro y la *white trash* que asalta el Capitolio disfrazada de vikingo. Los ratones que compran el discurso de los gatos porque creen que todos los políticos son iguales –incluyendo a algunos insignes escritores patrios que de repente se alinean junto al destructivo «sentido común» de los anuncios de la televisión y de las moderaciones refraneras y reaccionarias– y todos roban sin reparar en que los que más roban ni siquiera tienen que hacerlo de un modo explícitamente delictivo. La prevaricación y los regalitos son delictivos, pero también lo son los porcentajes de ciertas declaraciones de la renta o del impuesto de transmisión patrimonial y, por eso, ni te meten en la cárcel ni las damnificadas –todo el mundo– nos sentimos especialmente soliviantadas... Nosotros, nosotras, sólo luchamos por nuestra libertad. Con ira. Nuestra libertad.

16. Me voy a hacer pesada. Machacona. Leyendo *El manifiesto comunista* corroboramos la necesidad de las revoluciones burguesas que subvirtieron los valores aristocráticos del Antiguo Régimen y nos enseñaron tantas cosas. Libertad, igualdad, fraternidad. En Trinidad Santísima y no por separado. El problema es cuando unos modos de explotación son sustituidos por otros, que se amparan y justifican con la construcción de un magnífico aparataje jurídico, didáctico, filosófico, intelectual, literario, cultural. Todos los aparatajes avalan la misma idea: la de que este es el mejor de los mundos posibles y cualquier otra hipótesis está clausurada. Minimizando el dolor y maximizando ciertos espejismos del goce. Las revoluciones burguesas abrieron posibilidades truncadas por la propia naturaleza de las revoluciones burguesas. Y, aun así, yo tengo miedo de que desaprendamos las enseñanzas ilustradas y, a la vez, dentro de mi contradictoria tripa sé que no me puedo dejar tragar por los «cobardes gimoteos» del so-

cialismo pequeñoburgués ni por los «ropajes tejidos con la
fina telaraña de la especulación, bordados con florituras de
discursos refinados, empapados en el rocío de la sensiblería
romántica, (...) por las "verdades eternas" de los verdaderos
socialistas alemanes...». Pocas veces tenemos la ocasión de
leer una sátira tan excelente del estilo floreado y ampuloso.
Por otra parte y, casi en resumen, soy la hija de un comunista
que ha votado a un gobierno socialcomunista. Pero poco. Ya
no sé si hemos renunciado a demasiadas cosas o hemos perdido nuestro nivel de exigencia.

17. «Para poder oprimir a una clase hay que ofrecerle las condiciones que le permitan al menos llevar una existencia servil.»
Tenemos los móviles. Cada vez menos, la televisión. Tenemos las cestas y la lotería de Navidad. Tenemos un crucero o
un viaje a Cancún al menos una vez en la vida. Hemos pres-
cindido del gotelé.

18. Una idea muy actual arranca de una fibra del *Manifiesto* que
se mezcla con mis propias fibras y con la concentrada con-
templación de los anuncios de la tele: la identidad depende de
lo que consumimos. Somos el perfume del que derramamos
una gota detrás del lóbulo de las orejas, somos nuestro jersey
de una gran cadena de moda y textil, somos los libros de
nuestra editorial hípster, somos las zanahorias ecológicas que
ronchamos con dientes de conejo y ojos tristes... Pero ¿se
han fijado en los precios que hacen de nosotros los que somos? Compro mi ropa en el mercadillo: es un gesto político
que posiblemente no arregla nada. Incluso puede empeorar
las cosas porque estoy apoyando a los falsificadores nóma-
das que quitan el pan de la boca a los obreros y obreras de las
genuinas empresas productoras de bolsos de marca. O sea,
que encima soy una hija de la grandísima puta –con todos
mis perdones, un acto de contrición y tres avemarías–. Somos lo que consumimos, pero hay personas que no tienen
capacidad de consumir, por tanto, no son. Carecen de identidad, de vida interior, incluso de alma. Se cosifican en mercancía que puede ser consumida. Ya lo vislumbraron Carlos y
Federico, a quienes llamo por sus nombres de pila porque

siento que son como mis tíos carnales. En síntesis, el contenido de este epígrafe encierra un silogismo perfecto de esos de
Sócrates es mortal –y tanto–, y también encierra la certeza –y
parece que ya no se puede tener ninguna si una no quiere que
la llamen dulcemente exagerada, o biliosamente fanática– de
que vivimos en un bucle. Estamos ahí e incluso podríamos
formularnos una pregunta sobre las repercusiones de llevar
sandalias con calcetines y el significado del buen gusto. Sí.

19. Respetamos la rabia de los otros y nos da vergüenza la propia rabia. La equidistancia nos ha llevado a asumir que somos peores. Cayetano Rivera Ordóñez dice que ha llegado el
momento de hacer la revolución. Porque hoy disfrutamos de
un acogotado gobierno socialcomunista que, sin embargo,
no lleva a cabo una reforma fiscal. Sería conveniente, aunque
también está muy mal visto, hacer pedagogía para explicar
que la propiedad no es sólo privada y que la democracia no
se asienta sólo en las prácticas capitalistas. Tenemos que hacer muchas actividades de sinónimos y antónimos. De solida-
ridades léxicas. A lo mejor habría que hablar de todas las
propiedades comunes que los liberales nos arrebatan junto
con palabritas como libertad o revolución. Porque nos arrebatan nuestras propiedades comunes: el diccionario, la historia, la sanidad, la educación, el derecho a la vivienda y a no
morir ni de hambre ni de frío. El *Manifiesto* me pone tirante
como cuerda de violín. Hoy, además, nieva, y me rechinan
los dientes.

20. Luego está mi oficio. Leo y escribo. Cosa sorprendente para
ser hija de un comunista que, como ya he apuntado, son personas sin sensibilidad estética, panfletarias por naturaleza,
renuentes a las volutas dórico-jónicas y a los melodramas de
Douglas Sirk. Leo y escribo, pese a que mi padre sea un ca-
brón estalinista, porque todos los comunistas son estalinistas, y la democracia llegase a España casi exclusivamente
de la mano de reciclados camisas viejas de buena familia o de
minorías silenciosas que sólo querían comprarse un chalé en
las verdes praderas, fumar rubio americano, hacer una barbacoa, vestir bien. Los comunistas, como mi padre, ahora

son viejos dinosaurios o terroristas. Yo a mi padre lo veo, más bien, como un gran elefante blanco, un marido, un poeta inteligente, un hombre bueno, que da todo lo que puede y pide poco a quienes no conoce. Un hombre, a la vez, hedonista y frugal.

21. Reflejo realidad y construyo realidad. Cuando construyo realidad lo hago de una forma asertiva o subversiva. Lo intento. Y en mi contractura o mi mirada crítica estoy condenada al malestar y al dolor. Por la vanidad implícita a mi oficio y porque, por las cosas que procuro escribir, si me aceptan, me joden; y, si no me aceptan, me dañan. Me tengo que aguantar y pedir una rehabilitación semántica de la expresión «ser de izquierdas». Porque «ser de izquierdas» en nuestras sociedades sería lo lógico, pero a la vez es imposible por la asunción galvanizada de unas condiciones de vida que, aunque difíciles, nos parecen las mejores posibles. *El mejor de los mundos posibles* es una expresión de Karl Marx.

22. Agradecemos el arte y la literatura burgueses, pese a que sabemos que no son inofensivos: quién dijo que la hermosura o el afán de lucro o la necesidad de justificarse o entenderse en el mundo fuesen inofensivas; pero, aun así, el arte y la literatura burgueses son menos ofensivos que *El alcalde de Zalamea* y las pirámides. A Marx le gustaban las novelas de Henry Fielding y Balzac: la servidumbre rencorosa y la burguesía que empezaba a agusanarse por los pies. No somos comisarías políticas: somos personas que disfrutan de los placeres críticos de la lectura. Del temblor, el orgasmo y la conmoción. De la reorganización cósmica de las células tras una experiencia artística razonablemente satisfactoria.

23. Cuando escribimos y leemos pensando responsablemente que el fondo y la forma son indisolubles, que las propuestas estéticas son al mismo tiempo propuestas éticas y que, por tanto, las comedias románticas estadounidenses transmiten valores e ideología; cuando escribimos pensando que las ficciones son verdad –y no tanto que las verdades son ficciones–, porque se nos quedan en el cuerpo en forma de lorza, prejuicio o malestar general, cuando hacemos estas cosas,

nos aproximamos a la cultura desde un posicionamiento marxista. Y la dotamos de sentido e importancia en sociedades en las que la cultura y la educación se han devaluado: iniciamos conversaciones que preguntan sobre la utilidad de lo inútil y confían en que la palabra poética intervenga en las vidas. No en la vida. En las vidas. Eso es maravilloso. Como se señala en el propio *Manifiesto*, lo honesto es decir desde dónde se habla, no esconderse para fingir que se habla desde ninguna parte y para nadie más allá que una misma y su ombliguito de Dios. Para gustar a todo el mundo dentro de su cápsula –o su crisálida– mágica. Poesía pura.

24. Las izquierdas, igual que han hecho las derechas, deberían *desacomplejarse* y reivindicar sus genealogías y textos. Comunistas, socialistas, incluso anarquistas a ratos. ¡Proletarios de todos los países, uníos! Marx y Engels ya sospechaban que la semilla de la disolución y la inoperancia de las izquierdas estaba en sus propios enfrentamientos. De nuevo, las profecías de Casandra, nacidas de las mentes más analíticas y lúcidas, nos conducen hacia un espacio de aprendizaje. Aprovechémoslo.

Fumar después de leer

Iván de la Nuez

El Manifiesto *tiene vida propia.*

F. ENGELS

El Capital es un libro escrito para ser leído. *El manifiesto comunista*, para ser escuchado.

¡Leed *El Capital*! He aquí el imperativo que gobierna la relación con esta obra ¡ejem! capital. Y el título de un ensayo con el que Althusser nos atornilla a su destino. La demanda que no cesa, desde Engels hasta Piketty.

Leerlo para explicarlo y explicártelo.

Pasa lo contrario con el *Manifiesto*; libro que, desde los comuneros de París hasta los indignados de Madrid, acabas usando.

Para aplicarlo y aplicártelo.

(No por gusto se convirtió en uno de los libros más vendidos durante las jornadas del 15-M.)

Uno puede empollarse *El capital* en las universidades (esquivando en lo posible la marea de sus vulgarizaciones, o las simplificaciones de los manuales con los que el mundo soviético le ahorró al Hombre Nuevo parte de sus dudas y parte de su tiempo).

Pero debe declamar el *Manifiesto* en la plaza pública.

Y es que ambos libros, aunque salen de la cabeza del mismo autor (con la contribución de Engels a ambos), acaban formando parte de dos tradiciones literarias diferentes.

El Capital queda adherido a la tradición escrita. El *Manifiesto*, a la tradición oral.

Claro que los dos buscan la emancipación del proletariado, faltaría más. Pero... ¿cuántos obreros –unidos o en solitario– pueden con el primero, esa escultura monumental levantada como la máxima crítica al capitalismo que jamás ha existido? Yo, que vengo de un país comunista famoso por la instrucción de sus habitantes, he conocido muy pocos.

Qué vamos a pedirle a la gente que apenas tiene un par de horas al día de resuello para volver al tajo, si gente ilustrada como Louis Althusser y Thomas Piketty han llegado a admitir que no se lo han leído completo. Y eso que ambos le deben unos *royalties* bastante jugosos.

Estos dos libros han conocido el mundo y el mundo han cambiado.

En el Caribe, por ejemplo, *El Capital*, más que leerse, se traduce. Acaso porque el peso de la plantación exige que el capítulo 24 sea puesto en modo *loop*, con la acumulación originaria restallando como un látigo. De ahí que sus adaptaciones, a su vez tan originales, no puedan evitar la producción esclava. Es el caso de *Azúcar y plantación en Las Antillas*, de Raúl Cepero Bonilla. O *El Ingenio*, de Manuel Moreno Fraginals. O *Capitalismo y esclavitud*, de Eric Williams.

En aquellas aguas, Marx y Shakespeare –*El Capital* y *La tempestad*– se degluten, se digieren y se excretan como saberes anticoloniales. Así el Calibán de Roberto Fernández Retamar, el de Kamau Brathwhaite, el de Aimé Césaire. ¿El *Omeros* de Derek Walcott? También.

Por allí, cuando la caña está durísima y se pone a tres trozos, hay que sacarle guarapo al canon.

Algunos de mis antepasados, tanto por vía materna como paterna, trabajaron en la producción de tabaco hace más de un siglo. Despalillando las niñas y torciendo los muchachos. Se habían curtido en las madrugadas húmedas de las vegas expandidas alrededor del río Ariguanabo, desde San Antonio de los Baños. Y se habían cultivado en la tradición oral de los lectores de tabaquería. Esos «profesionales» del arte de leer, según Guillermo Cabrera Infante.

Muy pronto saben de Shakespeare y Cervantes, Martí y Vargas Vila, Hugo y Dumas. Despalillan y tuercen el tabaco en sus puestos de trabajo como despalillan y tuercen las historias que escuchan una vez acabada la jornada laboral.

Por esta vía les llega *El manifiesto comunista*. Que le habla a protoproletarios como ellos, pues aunque trabajan en una plantación, ya no son técnicamente esclavos sino clase obrera. Son tránsito del barracón a la fábrica. Y en esa transición no deja de acompañarles la banda sonora de esos lectores que van nutriendo su crítica hacia todo lo que viven.

Averiguo con mis antiguos maestros o actuales colegas marxistas –Sergio Guerra Vilaboy, Michael Zeuske, Oscar Zanetti Lecuona, Julio César Guanche– sobre la primera edición del *Manifiesto* en el que más tarde se convertiría en el único país comunista del hemisferio occidental. Todas las respuestas me llevan al mismo sitio: hubo impresiones de batalla, copias de otras traducciones, al cuidado variopinto de comunistas, anarquistas, socialistas, abakuás que manejaban la imprenta. Pero el panfleto más famoso de la historia entró primero por los oídos del inicial movimiento obrero antillano. Ese mismo que, gracias a las lecturas de tabaquería, aprendió a torcer la historia con la misma destreza que torcía los habanos.

Probablemente, incluso antes de que Julio Antonio Mella fundara el primer Partido Comunista de Cuba en 1925, se convirtiera en amante de Tina Modotti y fuera asesinado por orden de Gerardo Machado en una esquina de Ciudad de México cuando acudía a una cita con ella.

Si Howard Zinn coloca a Marx en el Soho neoyorquino en medio de las protestas contra el neoliberalismo, ¿por qué no situarlo en una hacienda de tabaco leyéndole el *Manifiesto* al incipiente proletariado del Caribe?

Bien pensado, ésta es una tarea con la que Engels se lo pasaría mejor...

No es cuestión, en cualquier caso, de extrañarse por la oralidad del fundamento. Por el hecho de que las palabras, al final, se las lleve el humo. Los cubanos, ya en medio de la Revolución, escuchan los discursos de Fidel Castro en la tribuna antes de que se publicara *El Capital* en la isla, algo que tuvo lugar en 1960. Justo el año en el que Sartre visita el país, se fuma un puro que el Che Guevara previamente le enciende, escribe *Huracán sobre el azúcar* y aventura la posibilidad de una revolución sin ideología.

A finales del siglo XIX, José Martí está preparando la segunda guerra de independencia contra el colonialismo español. No es marxista, pero esto no le impide dejar por escrito su admiración por el pensador de Tréveris. Y no lo hace, desde luego, porque este haya escrito *El Capital*, sino porque se puso de parte de los débiles y eso, por sí solo, le «merece honor».

Martí tampoco es comunista, pero empieza a recaudar los fondos para la insurrección que empezará en 1895 entre los trabajadores tabaqueros de Tampa, en Florida. Moneda a moneda, sin comprometer su próxima revolución con el dinero de una parte de la sacarocracia que ya está lista para sacudirse a España de encima. Ese germen obrero no se manifiesta únicamente en la colecta, sino también en la experiencia. El jefe militar de la independencia cubana –Máximo Gómez, dominicano– ha trabajado como jornalero en el canal de Panamá después de la primera contienda por la independencia (1868-1878). Así que, entre guerra y guerra, el Generalísimo fue un proletario. Sin charretera ni machete a la cintura ni canana cruzándole el pecho ni centenares de mambises a sus órdenes.

Marx, por su parte, no fue martiano y ni siquiera supo de la existencia de Martí. Del que sí supo fue de Simón Bolívar, aunque tampoco fue muy bolivariano que digamos: vertió prejuicios distintos sobre el Libertador.

El destino, sin embargo, le puso en su propia casa una conexión con el Caribe y con la plantación; con el gusto por torcer el canon histórico de Occidente y llevarlo a otro puerto. Ese lazo, directo y familiar, es el gran amor de Laura, una de sus hijas.

Paul Lafargue.

Nacido en Santiago de Cuba y descendiente de una familia francófona de plantadores de café.

Los prejuicios de Marx con el socialista antillano no difieren de los que le despierta Bolívar. Apelan a su temperamento y mestizaje. La dote de aquel vástago de la plantación consigue, eso sí, ablandarlo un poco.

Eso y la diligencia de Lafargue a la hora de organizar el socialismo en España y Francia. Tareas militantes que cumple con bastante éxito, disciplina y apego a las normas.

Otra cosa es a la hora de escribir...

Mientras Marx se nutre de Shakespeare o Hegel, Lafargue está haciendo la digestión de Rabelais, Quevedo, las novelas picarescas.

Avisando sobre lo que le espera a *El manifiesto comunista* más allá de Alemania, Francia o Inglaterra; en aquellos paisajes lejanos en los que las revoluciones, como hacen los ingenios azucareros con la caña, muelen los fundamentos. O, tal cual lo comprobó Sartre, como ocurre cuando a éstos se los lleva un huracán.

Lo de Lafargue no es ir contra la productividad del capitalismo, ni contra el concepto de plusvalía, ni contra todo aquello que Marx ya ha descubierto y a lo que él no tiene nada que añadir. Pero Lafargue sí tiene alguna cosa que no posee su ilustre suegro –nadie como el antillano para saber de las rémoras moralistas del fundador del comunismo–, que lo sitúa más próximo a Engels. Ese algo es su ataque frontal a la moral del capitalismo y a su iglesia fundamental: la del trabajo como entidad sagrada. Por eso se apropia de Gotthold Ephraim Lessing, y nos invita a ser perezosos «en todo», excepto en amar, beber y «ser perezosos». A dejar de preocuparnos por la justicia de la jornada laboral –el tiempo que se está en el trabajo–, y a enfocarnos en lo que podríamos hacer fuera de ese tiempo que no pertenece del todo al capitalista (o no pertenecía entonces, ahora es difícil encontrar ese punto muerto en nuestras vidas). Porque la revolución consiste también en salirse de ese «frenesí del trabajo», esa «degeneración intelectual», esa «deformación orgánica», esa «aberración mental» que «los curas, los economistas y los moralistas han sacrosantificado».

Si Lafargue dibuja esa curva bastarda en el marxismo, es porque consigue acarrear la cultura productiva de la plantación hasta el socialismo europeo y, ya de paso, al mismísimo hogar de Marx.

Esa heterodoxia le permite *torcer* (interpretar de una manera distinta el dogma), *trapichear* (convertir un cultivo en otro producto verbigracia de la apropiación del café, el tabaco o el azúcar), *despalillar* (verbo usado en el Caribe hispano para describir una actitud crítica, o criticona) y otorgarle dignidad ciudadana al *tiempo muerto* (ese periodo de vagancia entre zafra y zafra).

El *derecho a la pereza* aloja todas esas posibilidades y, a la vez, describe el tránsito por el cual este hijo de un plantador se pasa al otro lado, se tuerce a sí mismo y traiciona a su clase.

Una vez atravesado el Atlántico, no será otro el destino de *El manifiesto comunista*: el de dejarse sentir desde la palabra retorcida de la brega en la vega. Lidiando con unas culturas en las que el ocio es subversivo porque te aleja, aunque sea en la fugacidad del carnaval, del régimen eterno de la plantación, que hoy se sigue sosteniendo en el turismo y alimentando el principal renglón cultural de toda economía de servicios: la producción de estereotipos.

Si la segunda edición rusa del *Manifiesto*, la anterior ha sido traducida por Bakunin, lleva a Engels a afirmar: «¡Cuán cambiado está todo!», ¿qué podemos pedirle a un territorio de las Antillas donde se hace una revolución que se vislumbra socialista antes de editar *El capital* y que funda el Partido Comunista con militantes que tocan de oído el *Manifiesto*?

Aquí, mejor no entretenerse en buscar esas «trazas de negligencia» que observa el propio Engels en la edición polaca. O en una traducción armenia prevista para ver la luz en Constantinopla.

En el Caribe se sabe de antemano que la negligencia o la interpretación libérrima conforman, en sí mismas, un estilo revolucionario. Un renglón torcido de la historia ajena con el que se intenta enderezar la propia.

«El manifiesto tiene vida propia», admite Engels en 1880.

La guillotina también.

En *El siglo de las luces*, Alejo Carpentier divaga sobre el impacto de la Revolución francesa en el Caribe, el terror que representa Haití en toda la región y la peripecia del traslado de la guillotina para que imponga su autoridad en aquellas islas revueltas. Una máquina presta a cortar las cabezas del Antiguo Régimen y amedrentar a los súbditos del nuevo gobierno.

Resulta curioso, por no decir absurdo, tanto gasto simbólico. Allí, de cara a la guerra, no hace falta ese traslado transoceánico tan propio de la teatralidad napoleónica. La guillotina se democratiza en la carga al machete y cada mambí lleva una portátil atada a la cintura. Sólo hace falta, esta vez para cortar de oído, que el corneta toque «a degüello» y empezarán a rodar cabezas coloniales.

Dice Kundera que, si cada vez que recordáramos a Robespierre pensáramos en la guillotina, no tendríamos una relación tan romántica con la revolución. Esta idea hiberbólica podemos aplicarla al colonialismo. Si cada vez que nos tomáramos un mojito, o nos fumáramos un habano, absorbiéramos el peso de la plantación, nuestro placer ya no sería tan incauto. Ese «latigazo» arrastraría los infinitos latigazos que acompañaron la producción del azúcar, el ron y, en definitiva, la esclavitud que puso en circulación esos elíxires que hoy saboreamos en cualquier ciudad del mundo. Sólo entonces, y amargando los momentos de éxtasis, rumiamos que el consumo de estas «yerbas prodigiosas» nos hacen partícipes –tal cual lo advirtió Fernando Ortiz en su *Contrapunteo cubano del tabaco y el azúcar*– de los intereses económicos que los mercaderes «habrían de torcer y trenzar durante siglos». Como hilos de la historia y, al mismo tiempo, «como sostenes y ataduras del pueblo».

En 1895, casi medio siglo después de *El manifiesto comunista*, otro manifiesto recorre las Antillas. Es el *Manifiesto de Montecristi* y está firmado en República Dominicana por José Martí y Máximo Gómez. Allí se ratifica el reinicio de la guerra de Independencia y nace el nuevo liderazgo político y militar de la revolución. Allí se fomenta la democracia en la manigua –«no se gobierna un país como se manda un campamento»– para que no falte en la República. Allí se deja claro que la guerra es contra la Corona española, no contra los españoles.

Se da el caso de que ese manifiesto viene escrito en una hoja de tabaco. Digamos que, después de leerlo, los jefes insurrectos podrán quemarlo para eliminar cualquier rastro del mismo.

O fumárselo.

Para no dejar prueba de su existencia a base de convertirlo en humo. Para exhalar la guía definitiva de un futuro libre a través de las volutas que desaparecen en el aire mientras el *Manifiesto* permanece en la memoria.

Y para que, una vez quemado el fundamento, empiece la guerra.

El fantasma y sus cadenas

Santiago Alba Rico

El manifiesto comunista es un panfleto del siglo XIX. No parece que un panfleto, el equivalente literario del Blitzkrieg o guerra-relámpago, pueda sobrevivir a las demandas tácticas que lo justificaron; no parece que un panfleto del siglo XIX pueda tener en el siglo XXI otro interés que el puramente arqueológico o historiográfico. En este caso, sin embargo, la paradoja es flagrante. Cuando Marx y Engels lo escribieron a principios de 1848 con el propósito de provocar la revolución europea, el estallido de la revolución europea, tres días después de su publicación, impidió su lectura y difusión. El acontecimiento mismo que el panfleto quería provocar lo sacó *ab ovo* de la circulación. O dicho de otra manera: los indignados de 1848 no hicieron la revolución después de leer el *Manifiesto*: dejaron de leer el *Manifiesto* porque estaban haciendo la revolución.

La Revolución del 48 fracasó, como tantas otras, y el *Manifiesto* fue cobrando vida lentamente, a lo largo de las décadas sucesivas, en medio de batallas económicas y sociales, hasta rivalizar en número de lectores con Homero y Dickens y convertirse en uno de los textos políticos más influyentes de la historia de la humanidad. Del alemán se tradujo al inglés en 1850 y en las décadas siguientes al polaco, al francés, al italiano y al ruso. Si, como sugiere Engels, existe una relación directamente proporcional entre la difusión del *Manifiesto* y el desarrollo y madurez de los movimientos comunistas nacionales, el hecho de que por primera vez se tradujera al castellano en 1872, y a partir de la versión francesa, dice mucho acerca de las condiciones de recepción en nuestro país. En la primera mitad del siglo xx, en los aledaños de la Revolución rusa, el panfleto de Marx y Engels, traducido ya a todas las lenguas, tuvo una influencia decisiva, que se mantuvo luego, ahora sin savia, de forma escolástica y rutinaria, en la mitad» roja» del mundo durante la guerra fría. Más tarde, con la derrota de la URSS, se marchitó y quedó arrinconado y polvoriento en los círculos militantes y las librerías de ocasión. Reverdeció, sin embargo, tras la crisis de 2008. En Inglaterra, por ejemplo, una edición barata de la editorial Penguin conoció en 2015 un éxito fulgurante, con casi 2.000 ejemplares vendidos sólo la primera semana. Si hoy una editorial española reedita el *Manifiesto* es porque interpreta que este panfleto del siglo xix –género volátil, siglo muerto– tiene aún una palabra que decir en la segunda década del siglo xxi. ¿Podemos aún leerlo como si hablase de nuestro mundo? ¿Puede emocionarnos incluso al margen de nuestra posición política?

Personalmente he leído el *Manifiesto* muchas veces en los últimos cuarenta años y cada nueva lectura me ha revelado al menos dos cambios: los que he ido experimentado yo mismo como lector y los que ha experimentado el mundo. Nunca, mientras lo leía, me ha resultado indiferente: nunca ha ocurrido que yo hubiera cambiado tanto como para no sentirme interpelado y nunca ha ocurrido que el mundo hubiera mejorado tanto como para que no quedara parcialmente atrapado entre sus páginas. Serán muy pocos, desde luego, los que lean hoy el *Manifiesto* de la misma manera en que lo hicieron los miembros de la Liga de los Comunistas, enseguida disuelta, para los que fue redactado en diciembre de 1847; pero serán muy pocos, con independencia de su ideología, los que no entiendan de qué están hablando Marx y Engels; y menos aún los que no aprecien, o no quieran incluso imitar, su vibrante estilo publicitario. Como bien escribe el economista francés Isaac Joshua, conviene disociar el marxismo teórico, aún indispensable, del marxismo partidista, que erró casi siempre el tiro. Como conviene no olvidar, siguiendo la sugerencia de Umberto Eco, el estilo depurado y trepidante del famoso panfleto. En el *Manifiesto*, que es al mismo tiempo una síntesis de pensamiento, un programa de acción y una pieza literaria, se dan cita los tres impulsos. Dos de ellos aún no han perdido su objeto. El comunismo, es verdad, ya no existe, pero el capitalismo sí. El capitalismo, es verdad, lo devora todo, pero no ha destruido aún nuestra capacidad para celebrar un buen hallazgo literario.

Marx escribió poemas e incluso una novela, bastante mala, titulada *Escorpión y Félix*; conocía muy bien los clásicos griegos y latinos y, en las excursiones campestres, leía a sus hijas en voz alta los dramas de Shakespeare y los versos de su amigo Heinrich Heine. Esta refinada cultura literaria, que las notas de *El Capital* reflejan en un tono felizmente sarcástico, está ya presente en el *Manifiesto*. El ya mencionado Umberto Eco no descarta que las *Catilinarias* de Cicerón y el discurso de Marco Antonio ante el cadáver de Julio César, en su versión shakesperiana, sean una de sus fuentes de inspiración o suministren inconsciente aliento a sus tropos y periodos. Como es sabido, Engels hizo un primer boceto en octubre-noviembre de 1847 ciñéndose al formato «catecismo», muy usado en la época, sobre todo en los círculos anarquistas, formato que él mismo pidió a Marx, en una carta del 2 de noviembre de ese mismo año, que dejase a un lado. Hay mucho de Engels en el contenido del *Manifiesto*, es evidente, pero la respiración es claramente marxiana. Engels siempre fue más pragmático, más generoso y menos puritano que Marx, pero siempre supo que el talento literario, y no sólo el filosófico, correspondían a su barbudo amigo de Tréveris.

Naturalmente, el *Manifiesto* prolonga una tradición de libelos, pasquines y panfletos nacida de la Revolución francesa de 1789. Ahora bien, el texto de Marx y Engels, que se desmarca de manera explícita y displicente de la militancia «no auténtica» de su época (en un gesto que formará parte, a partir de entonces, de la tradición izquierdista), rompe también con sus servidumbres retóricas. Si pensamos, por ejemplo, en las apelaciones de Marat en *L'ami du peuple* o en el *Manifiesto de los plebeyos* de Babeuf, el género pivotaba siempre en torno a dos convenciones centrales: el vocativo de partida (¡ciudadanos!), que fijaba e interpelaba al sujeto preexistente de la acción, y la denuncia y vituperación del

enemigo. Marx y Engels evitan estos patrones. Sólo en la última
línea el *Manifiesto* introduce al mismo tiempo una consigna y un
vocativo con el famosísimo «¡Proletarios de todos los países,
uníos!». Comienza, en cambio, con una lapidaria y distante evo-
cación, por lo demás no menos célebre: «Un fantasma recorre
Europa: el fantasma del comunismo». Un arranque asaz extraño
si se tiene en cuenta que en 1848 el comunismo (¡y no digamos el
marxista!) era una opción minoritaria dentro de los círculos revolucionarios europeos, mucho más influidos por todas esas corrien-
tes que Marx y Engels nombran y desprecian en las últimas páginas del propio *Manifiesto*: el socialismo feudal o pequeñoburgués,
el socialismo soñador alemán, el socialismo burgués de Proudhon
o el socialismo utópico de Saint-Simon, Owen o Fourier. ¿Por qué
entonces este extravagante dintel?

Esta brillante fórmula publicitaria, que no estaba en el borra-
dor de Engels, revela la intervención retórica de Marx. Se podría
pensar que hay una brizna de autoironía en el hecho de presentar
como «un fantasma» un movimiento que todavía no tenía carne,
hasta tal punto era pequeño. Pero no. Esa primera frase revela, al
contrario, la voluntad de sobredimensionar el embrión comunista
asociándolo a una amenaza presente e irrefrenable. En 1848 el
término «fantasma» (o «espectro», según otras traducciones) evo-
caba de inmediato la irrupción desde la oscuridad de una criatura
inasible y poderosa. Los fantasmas daban miedo. Así que detrás de
esa frase subyace, si se quiere, un vocativo elíptico, que en este
caso no es el «pueblo» o los «ciudadanos», como en el panfleto
revolucionario francés. Marx se está dirigiendo, por el contrario, a
sus enemigos: «Temblad, burgueses, el comunismo ha llegado».
Mediante esta operación retórica, se está convirtiendo el vago comunismo incipiente en una amenaza real, se le está dando un cuerpo que aún no tiene, y ello con arreglo a la figura que Aristóteles
llamaba «entelequia»; es decir, la ficción según la cual tratamos un
ente como si ya fuera lo que llegará a ser o lo que querríamos que
llegara a ser. Cuando leemos el *Manifiesto*, un texto fundacional,
leemos toda la historia «pasada» del comunismo en esta ficción
inicial; sus primeros y escasos lectores, todos ellos militantes, sentían mientras lo leían que formaban parte en el presente de un fu-

turo que ellos mismos tenían que empezar a construir pero cuya construcción, de algún modo, aparecía ante sus ojos ya completa, exitosa y acabada. Tampoco en el *Manifiesto* hay denuncia del enemigo, como la había (la nobleza o el rey) en el libelo jacobino. Todo lo contrario. Por razones retóricas, pero también por convicción teórica, Marx y Engels se inclinan exaltados ante el poder de la burguesía; celebran sus triunfos y lo admiran sin reservas. El *Manifiesto*, en efecto, hace la lista de las cosas que produce el capitalismo y de las cosas que destruye el capitalismo. Marx y Engels reivindican con júbilo las dos. En realidad el *Manifiesto* está lleno de admiración hacia el capitalismo porque presupone que está trabajando para nosotros: acumula riqueza sin precedentes para la humanidad futura y destruye supersticiones que obstaculizan el camino de la liberación: «Ha demostrado lo que puede dar de sí el trabajo del hombre», «ha creado maravillas», «ha revolucionado los instrumentos de producción» y, al mismo tiempo, «ha destruido las relaciones feudales y patriarcales» y «ha ahogado el sagrado escalofrío del fervor religioso, el ardor caballeresco y la melancolía pequeñoburguesa».

No se quedan ahí las observaciones de Marx y Engels, como enseguida veremos, pero en este punto tropezamos con un problema que no podemos ignorar. Marx y Engels son autores rebeldes del siglo XIX, una época en la que el mito de Prometeo permea, a derecha e izquierda, la visión ilustrada, y enseguida romántica, del mundo social. Nuestros autores admiran la obra de destrucción creativa del capitalismo: creen en el Progreso. Son, por así decirlo, «progresistas», como lo era Darwin, y en este sentido el *Manifiesto* (no así *El Capital*) es un texto muy hegeliano. No menciono a Darwin por casualidad. Como sabemos, Marx admiraba mucho al fundador del evolucionismo, al que regaló un ejemplar de *El Capital* que el científico inglés nunca abrió; y en 1883, en el prefacio a la reedición alemana del *Manifiesto*, Engels recordaba que la idea central de Marx (la de la lucha de clases como motor de la historia) estaba llamada «a significar para la ciencia histórica lo que significó la teoría de Darwin para las ciencias naturales». Lo que compartían Darwin y Marx, con el propio Hegel, que sistematizó esa ilusión en el orden filosófico, era la noción de un Progreso, natural o histórico, que llevaba de manera inevitable, a través de antítesis más o menos automáticas, a estadios siempre superiores de evolución. Hay, por supuesto, otra interpretación posible de Darwin y hay otra interpretación posible de Marx, pero el darwinismo oficial y el marxismo oficial permanecieron siempre fieles a esta visión halagüeña de la historia: la cúspide del árbol de la vida es el Hombre, la cúspide del desarrollo de la historia es el Comunismo. Para la revisión del progresismo darwinista, y la sustitución del árbol antropométrico por el arbusto bacteriano, hubo que esperar a Kropotkin, Jay Gould o Margulys; para la revisión del progresismo marxista, y la sustitución del comunismo automático por el «freno de emergencia» revolucionario hubo que esperar, ya en el siglo XX y entre dos guerras mundiales, a Walter Benjamin y sus tesis sobre la historia (que, por lo demás, nunca triunfaron en la URSS). En la segunda mitad de la centuria pasada, después de Auschwitz e Hiroshima, todas las ilusiones de progreso lineal e irreversible resultaban mentalmente insostenibles.

Ese progresismo decimonónico domina todo, o casi todo, el *Manifiesto*. Frente al ludismo y su destrucción de las máquinas, que Marx critica justamente como limitado, el *Manifiesto*, también por razones retóricas de pedagogía narrativa, se sitúa en el otro extremo: deposita en la industria y en el maquinismo la responsabilidad última del dinamismo histórico y defiende, por tanto, un abierto aceleracionismo: el desarrollo de las fuerzas productivas llevará por sí mismo –leemos ahí– a la autodestrucción creativa del sistema. Entre esas fuerzas productivas está, claro, la nueva clase oprimida y antagonista, el proletariado, cada vez más educado, cada vez más coordinado y cada vez más consciente, al que Marx y Engels conceden –en otra imagen literaria inolvidable– el papel de «sepultureros de la burguesía». El *Manifiesto* posee, pues, esta virtud vitamínica y excitante. Al mismo tiempo que configura, por primera vez, un sujeto de la historia y de la liberación universal, lo declara ya vencedor: ese sujeto, que está leyendo el *Manifiesto*, en medio de sus miserias y dolores, recibe con gozo esta misión, a sabiendas de que «está nadando a favor de la corriente», según la expresión irritada del citado Benjamin, que en los años treinta del siglo pasado censuraba a los comunistas su ceguera frente a Hitler y su apuesta por el viejo principio, siempre analgésico y, por lo tanto, tentador, de «cuanto peor mejor». Marx se alejó mucho en los últimos años de su vida de esta visión «progresista» de la historia, pero el comunismo realmente existente no. En 1985, año de su muerte, Manuel Sacristán, nuestro más grande filósofo marxista, se volvía sospechoso de heterodoxia para sus propios compañeros del PCE cuando recordaba que las fuerzas productivas son al mismo tiempo fuerzas destructivas e incorporaba a la crítica del capitalismo la dimensión ecológica, incomprensible en la URSS o en la China de Mao, cuyos regímenes siempre habían seguido al pie de la letra la utópica promesa del *Manifiesto*: la de que la gran industria, liberada de las trabas de la propiedad burguesa, permitiría «aumentar hasta el infinito la producción» y «crear y satisfacer nuevas necesidades».

El progresismo hegeliano del *Manifiesto* –dicho sea de paso– genera hoy también malestar por las dificultades que encuentra a la hora de integrar los pueblos que Hegel reputaba «sin historia» (es decir, los no occidentales) y que, según esta versión, dependían del colonialismo y el capitalismo, como el propio campesinado europeo, para sacudirse su somnolencia paralizadora: «la burguesía está empujando a civilizarse a todas las naciones, incluso a las más bárbaras» o la burguesía ha arrancado «a gran parte de la población a las idiosincrasias de la vida rural». Como hemos dicho, Marx se distanció mucho en sus últimos años de esta visión mecánica y hegeliana de la historia, sobre todo a partir de su correspondencia con la militante rusa Vera Zasulich y su reivindicación de la «comuna rural rusa», pero en los años 50 del ochocientos, en sus artículos para *New York Tribune*, seguía reivindicando la –al mismo tiempo– abominable empresa colonial inglesa en la India como antesala cruel de su futura liberación.

En todo caso, y desde un punto de vista retórico, entendemos muy bien por qué el *Manifiesto* sólo se dirige al final, mediante un vocativo movilizador, al lector y militante que lo tiene entre sus manos (¡Proletarios de todos los países, uníos!). Porque el *Manifiesto*, acta fundacional del comunismo llamado «científico», ha dedicado sus páginas, precisamente, a construir ese sujeto al que sólo puede interpelar, por lo tanto, en la última frase. La primera está dirigida a la burguesía, cuyo poder presente expone; la última

al proletariado que la reemplazará en la gestión de la riqueza y la
industria que ella misma ha levantado. No puede uno dejar de
sucumbir a la brillantez con que los dos jóvenes amigos montan
este apabullante dispositivo publicitario. No en vano *El manifies-*
to comunista de Marx y Engels es «el manifiesto» por antonomasia; el manifiesto que todos –desde el manifiesto futurista al de
Sierra Maestra, desde los alegatos jurídicos del cine de Hollywood
a los anuncios de automóviles– imitarán a continuación. Tanto su
estructura como sus tropos fundan y cierran para siempre el género. Por eso, incluso si ya no tuviera nada que decirnos, desde un
punto de vista estrictamente literario sería inexcusable. Como lo
son, en efecto, las *Catilinarias* de Cicerón o las *Filípicas* de De-
móstenes, no obstante hayan desaparecido no sólo Catilina y Fili-
po de Macedonia sino las civilizaciones mismas en las que se for-
jaron sus amenazas.

Pero tiene aún mucho que decirnos. Uno de los pasajes que más me
emocionan intelectual y políticamente del *Manifiesto* es ese central
–en este caso enormemente clásico– en el que Marx y Engels van
desmontando las acusaciones burguesas contra el comunismo a través de preguntas retóricas que, evocan, en efecto, la oratoria cicero-
niana. ¿Están los comunistas en contra de la propiedad privada?
¿En contra de la familia? ¿En contra de la libertad? ¿En contra de la
patria? ¿A favor de la «comunidad de las mujeres»? Es aquí donde
la admiración por el capitalismo se trueca de pronto, sin contradicción alguna, en vibrante denuncia; una denuncia, ésta sí, más actual
que nunca. Porque Marx y Engels voltean las acusaciones sectarias
de la burguesía para convertirse en acusadores universales mediante una pirueta retórica que ilumina todas las miserias asociadas a la
«revolución permanente» –así describen su fuerza motriz– del «régimen burgués». No somos nosotros, dicen, los que hemos abolido
la propiedad privada; habéis sido vosotros, que se la negáis al 90%
de la humanidad. No somos nosotros, dicen, los que hemos abolido
la familia; habéis sido vosotros, que obligáis a trabajar a los niños y
a prostituirse a las madres y pagáis salarios de hambre que no permiten las mínimas condiciones, ni habitacionales ni afectivas, para

las relaciones familiares. No somos nosotros, dicen, los que hemos abolido la idea de patria; habéis sido vosotros, tratando a los obreros como meras mercancías intercambiables en un espacio abstracto. No somos nosotros, dicen, los que hemos abolido la libertad; habéis sido vosotros, que habéis privado al trabajador de toda independencia y toda personalidad y no le dejáis más libertad que la de venderse en el mercado. Y *cosí via*. Ayer, hoy, esta misma mañana, como sabemos, ha hecho falta recurrir de nuevo a este pasaje del *Manifiesto*, aun sin citarlo ni recordarlo, para responder a esos políticos neoliberales que no dejan de invocar la familia, la libertad, las tradiciones, la patria, mientras precarizan el trabajo, defienden los desahucios, ilegalizan la colaboración, venden la salud de sus ciudadanos a empresas multinacionales y defienden la libertad de rebañar el plato después de haber excluido de su disfrute a buena parte de la humanidad.

Porque ésta es la cuestión. Marx y Engels despliegan primero, como fabulosa cornucopia, las potencias prometeicas del capitalismo que llevarán inexorablemente al comunismo. Pero enseguida, cuando tienen que enumerar los efectos humanos de esa extraña «revolución permanente», hacen inventario de lo que queda en el mundo –o en el plato– después de que la burguesía haya acabado con las superticiones, la caballerosidad, las sofocantes tradiciones del pasado. ¿Qué resta? ¿Más futuro botín? ¿Más conciencia de clase? Puede. Pero lo cierto es que retóricamente suenan mucho mejor en los oídos del lector «el sagrado escalofrío del fervor religioso», «las relaciones feudales, patriarcales e idílicas», «el ardor caballeresco», «las numerosas libertades justamente obtenidas y garantizadas por escrito», «el velo de sentimentalismo conmovedor», suenan mucho mejor –digo– estas virtudes antiguas, ambiguamente retratadas por Marx y Engels, que el resultado de retirarlas del mundo: «el puro interés», «el frío pago en metálico», «las aguas heladas del cálculo egoísta», «ha disuelto la dignidad personal en el valor de cambio», «la libertad de comerciar sin escrúpulos», «la explotación franca, desvergonzada, directa y descarnada». Ningún ser humano, frente a esas dos alternativas, tendría la menor duda. El papel «verdaderamente revolucionario» que ha jugado históricamente la burguesía –nos insinúa el *Manifiesto*– deja un desierto antropológico en el que la existencia humana es imposible. Ese pasaje famoso, joya de la oratoria, en el que los dos amigos describen los efectos licuefactores de la revolución burguesa –todo lo sólido se disuelve en el aire, todo lo sagrado es profanado– constituye en realidad una de las más contundentes enmiendas al capitalismo y, vista desde hoy, una herramienta indispensable contra el «progresismo» que el propio *Manifiesto* defiende. «La burguesía no puede existir sin revolucionar constantemente los instrumentos de producción», describen Marx y Engels, y enseguida añaden: «La época de la burguesía se distingue de todas las demás por trastocar sin cesar la producción y por desbaratar todos los aspectos de la sociedad, así como por una inseguridad y mutación continuas». Casi ciento setenta años después, es imposible no reconocer en nuestro mundo una versión acelerada de esta descripción de 1848: la revolución permanente, la inseguridad y la mutación continuas han dejado nuestra vida laboral y moral en harapos, desanclada incluso de la comunidad fabril en la que tanto confiaban nuestros héroes y de las palabras comunes para nombrar el futuro.

El *Manifiesto* tiene aún algo que decirnos incluso cuando se equivoca. Junto a la vertiente analítica, el panfleto por antonomasia incluye una dimensión utópica que, en realidad, lo inscribe en esa tradición saint-simoniana o fourieriana con la que pretende tajantemente romper. Se puede considerar que esa vertiente utópica, en la medida en que cristalizó en regímenes políticos que mataron sobre todo a comunistas, no puede tratarse de manera liviana. Pero si no puede tratarse de manera liviana es porque, una vez desaparecida la URSS, hemos descubierto que lo que no consiguió el socialismo realmente existente lo consiguió, de manera virada, a modo de pesadilla, el capitalismo realmente existente. Decía Michel Foucault que las utopías capitalistas, al contrario que las socialistas, se cumplen siempre. No es del todo cierto. Parece más exacto decir que es el capitalismo el que se encarga de cumplir las utopías socialistas, pero en forma de distopías valleinclanescas, como en espejos que deforman e invierten los sueños, a veces pueriles, de las clases desfavorecidas. Así, por ejemplo, la de la producción infinita y la creación de nuevas necesidades, utopía marxista cumplida en el capitalismo de consumo y la proletarización del ocio, con sus fatales consecuencias ecológicas. Así, por ejemplo, la del «hombre nuevo», despojado de lastres y reformateado en su elemental esencia humana, cumplida en la figura del consumidor siempre recién nacido, ensimismado en su feroz «soltería». Así, por ejemplo, la del ocio autogestionado, cumplida hoy en forma de paro estructural, trabajo precario y emprendeduría privada. Así, por ejemplo, la de la versatilidad de las profesiones y la comunidad de las disciplinas, cumplida por el capitalismo en forma de descalificación del trabajo y desperdicio de competencias. Todo lo que el comunismo del *Manifiesto* anunciaba como liberación y humanización universal el capitalismo lo ha hecho realidad como destrucción, disparate, desigualdad y sumisión del alma.

El *Manifiesto* nos da la clave. Cuando Marx y Engels exploran las crisis recurrentes del capitalismo (¡en 1848!) localizan la causa en su *hybris* íntima, en el exceso estructural que acarrea en su seno. De acuerdo, admiremos las riquezas que es capaz de crear, esas maravillas sin cuento, sus virtudes «civilizatorias». Ahora bien, hay un problema. ¿Cuál? «Que la sociedad (capitalista)», dicen Marx y Engels, «posee *demasiada* civilización, *demasiados* alimentos, *demasiada* industria, *demasiado* comercio.» Es difícil capturar en una fórmula más sintética, más retóricamente eficaz, más fácilmente comprensible, ese vuelco inevitable del que hablábamos más arriba. ¡El capitalismo es una *demasía*! ¡Los seres humanos una poquedad! Esta *demasía* se expresa del modo más plástico y abrumador en el hecho de que desde el año 2020, por primera vez en la historia del planeta, el conjunto de los artefactos humanos pesa más que la biomasa terrestre: 1,1 teratoneladas de coches, edificios y aviones frente a 1 teratonelada escasa de bosques, montañas y piedras. Las crisis de sobreproducción –en las que el *Manifiesto* supo ver ya el plinto de todas las aceleraciones y todas las expansiones sucesivas, mercantiles y tecnológicas– iluminan y agravan un naufragio antropológico irreversible, resultado de la ruptura definitiva del equilibrio histórico –diría el historiador inglés Eric Hobsbawm– entre las fuerzas de la conservación y de la reproducción social y las fuerzas de la transformación. El nuevo desequilibrio, inscrito en la albúmina excesiva del capitalismo, añade sombrío Hobsbawm, «supera quizá la capacidad de comprensión de los seres humanos y la capacidad de control de las instituciones sociales y políticas humanas». Leyendo el *Manifiesto* podemos saber por qué hemos llegado hasta aquí.

El manifiesto comunista, en definitiva, nos interpela como una pieza retórica redonda, botón magistral del género, cuya factura clásica debe seguir sirviendo de ejemplo en las clases de literatura y en las escuelas publicitarias. El *Manifiesto* nos interpela además a través de sus errores. Unos tienen que ver con el optimismo vitamínico que está en su raíz y otros, con los cambios que ha experimentado el propio capitalismo, en siglo y medio, para sobrevivir. El más señero, en términos de clase, tiene que ver con la disolución de los vínculos comunitarios en el posfordismo y la colonización del ocio individual como fuente privilegiada de plusvalor. El más molesto, desde nuestra perspectiva presente y en el orden político, atañe a la centralidad del «proletariado» como clase universal, en detrimento de todos esos otros sujetos –visibilizados por el propio desarrollo capitalista– que en 1848 apenas despuntaban y que Marx y Engels, progresistas entusiastas, no podían anticipar: el sujeto Tierra, el sujeto feminista, el sujeto decolonial.

El *Manifiesto* nos interpela, en todo caso, como la más temprana y sintética descripción del chasis del capitalismo y de su *hybris* orgánica: ahí están, con pasmosa actualidad, la necesidad íntima de la globalización, la generación simultánea de máxima riqueza y máxima miseria, la destrucción de vínculos comunitarios, el virtual desanclaje de los lazos terrestres, corporales y sociales, la incompatibilidad radical entre democracia y capitalismo. Las páginas de *El manifiesto comunista* están reclamando y anunciando un Chesterton y un Polanyi.

Conviene no creer que uno ha leído a Marx si ha leído el *Manifiesto* o que uno lo sabe todo del capitalismo después de leer el *Manifiesto*. Conviene, en definitiva, recoger el consejo incluido en sus páginas y seguir leyendo, estudiando y educándose. Es probable que en los próximos diez años vuelva a leer dos o tres veces más este panfleto ejemplar; y es probable que yo haya cambiado un poco y el mundo, arrastrado por esta *hybris* maldita, un poco más. No es atrevido, sin embargo, anticipar dos vaticinios, uno solar y otro sombrío. El solar me dice que, cuando vuelva a leerlo, volveré a emocionarme. El sombrío me dice que, cuando vuelva a leerlo, seguiré reconociendo ahí, desgraciadamente, nuestro mundo. El capitalismo dura desde hace tanto tiempo que su mejor denuncia es ya, como Shakespeare y Cervantes, un «clásico». Ojalá muy pronto pase a ser sólo una «antigualla».

La crítica feminista socialista
y *El manifiesto comunista*

Wendy Lynne Lee

En su revolucionaria obra *Feminist Politics and Human Nature* (FPHN), Alison Jaggar afirma que la mordaz crítica de Marx hacia el capitalismo puede explicar no sólo la opresión económica de los trabajadores, sino también la de las mujeres en su papel en la reproducción de la capacidad de trabajar (como trabajo doméstico no pagado) así como en la reproducción (sexual) de trabajadores. Jaggar considera que, aunque Marx concede escasa atención al papel de las mujeres en el mercado laboral, algunos conceptos marxistas fundamentales, como alienación y mercantilización, y el método materialista histórico pueden arrojar mucha luz sobre las condiciones económicas y sociales que afectan de manera específica a las mujeres, muchas de las cuales son tan opresivas como las que tienen que afrontar los hombres trabajadores. No cabe duda de que Marx comprendía que la opresión social y económica de las mujeres tenía toda una serie de rasgos propios. Por ejemplo, en *El manifiesto comunista*, examina los efectos opresores del ascenso de la burguesía –la clase propietaria– sobre la familia a través de la *mercantilización* de las relaciones familiares.

Marx escribe, por ejemplo, que «la burguesía ha arrancado el velo de sentimentalismo conmovedor a las relaciones familiares y las ha reducido a meras relaciones económicas» y que «se rompen los lazos familiares de los proletarios a consecuencia de la gran industria y los hijos se convierten en simples artículos comerciales e instrumentos de trabajo». En resumen, que con la llegada del capitalismo la familia se ve sometida a una transformación radical aunque paulatina cuyos efectos subordinan sus relaciones sociales básicas a las de un individuo concreto, es decir, a la relación entre capitalista y obrero... mientras que en otras condiciones un miembro de la familia podría haber debido su fidelidad e identidad primarias al mantenimiento de los lazos familiares, ahora sólo debe esa lealtad al salario. Productos básicos que antes se producían y repartían de forma colectiva tienen ahora que ser comprados... los niños que antes se concebían como proyecciones futuras del yo son ahora reducibles a pasivos o a activos dependiendo de la *rapidez* con la que se convierten en fuerza de trabajo... la familia ahora existe como unidad de apoyo a la economía.[1]

Marx afirma que el afecto o los lazos familiares son reemplazados por una valoración que está determinada por la capacidad de contribuir a la supervivencia de la familia, entendida como «unidad» de trabajo y de intercambio; así, los miembros de la familia dejan de ser (o lo son sólo nominalmente) padres, madres o hijos, y son más bien propietarios-administradores y fuerza de trabajo. El trabajo asalariado convierte en la práctica a las madres en instrumentos para la reproducción del trabajo y de trabajadores, y a los niños en «artículos comerciales».

Así que Marx parece comprender particularmente bien las consecuencias negativas del capitalismo para las mujeres *en su condición de* esposas y madres. Sin embargo, en toda su crítica sólo se pueden encontrar a lo sumo referencias indirectas *a la opresión de las mujeres como trabajadoras fuera del ámbito familiar* o incluso *como agentes humanos individuales*. Como dice Daniel Little, «las obras de Marx están íntimamente ligadas a la dominación económica y social que va asociada a la clase, y presta poca atención a las desigualdades asociadas al género. Marx no tenía mucho que decir directamente sobre el sistema de dominación por género prevalente durante su propia época, y no estuvo vinculado de forma pública con el movimiento de emancipación

1. Lee, Wendy Lynne, *On Marx*, Wadsworth Philosophers Series, Belmont, California: Wadsworth/Thompson Learning, 2002, p. 35.

de las mujeres de entonces», incluso aunque muchos otros, como John Stuart Mill, estaban «agitando a favor de los derechos económicos y políticos de las mujeres».[1]

No obstante, Little afirma que «los temas fundamentales de crítica social que presenta Marx –alienación, dominación, desigualdad y explotación, y la crítica a las relaciones sociales que dan lugar a dichas situaciones– tienen implicaciones claras para una teoría de la igualdad de género y de la emancipación de la mujer». No cabe duda de ello, pero el propio Marx ofrece poca ayuda directa en este asunto, al afirmar (aunque no sistemáticamente) que la burguesía emergente *reemplaza* en la práctica todas las demás relaciones sociales, incluidas las patriarcales:

> Allí donde ha llegado al poder, [la burguesía] ha destruido toda relación feudal, patriarcal, idílica. Ha hecho trizas sin piedad los lazos variopintos que unían al ser humano con sus «superiores naturales» y no ha dejado en pie más vínculo entre hombre y hombre que el puro interés, el frío pago en metálico. Ha ahogado el sagrado escalofrío del fervor religioso, del ardor caballeresco y de la melancolía pequeñoburguesa en las heladas aguas del cálculo egoísta.

Lo que Marx no ve es la medida en la que las instituciones patriarcales no son reemplazadas por el capitalismo, sino que éste se apropia de ellas, ofreciendo a la empresa capitalista una infraestructura lista para ser usada tanto para la explotación del trabajo como para la *reproducción* de trabajadores. Como han mostrado toda una serie de teóricas feministas, la burguesía transforma y reinstrumentaliza la familia aprovechándose de una estructura ya equipada para la mercantilización de la sexualidad de las mujeres y del trabajo doméstico no remunerado. Lo que necesitamos, como señala Zillah Eisenstein, es una crítica del capitalismo que tenga en cuenta la relación entre instituciones pa-

1. Little, Daniel: «Marxism, Communism, and Women», www-personal. umd.umich.edu/~delittle/Entry%20communism%20and%20marxism%20 on%20gender%20ov2.htm.

triarcales como la familia y la iglesia a la luz de cómo la empresa capitalista se apropia de ellas. Eisenstein deja muy clara la conexión: «Si la existencia de las mujeres viene definida por el capitalismo y el patriarcado mediante sus ideologías e instituciones dominantes, entonces entender el capitalismo o el patriarcado cada uno de manera aislada no abordará el problema de la opresión de las mujeres».[1]

Entonces, dada la ausencia de una crítica de este tipo hasta bien entrado el siglo xx, no es de extrañar que, incluso en un manifiesto pensado para unificar y empoderar a los trabajadores para que se unan contra sus opresores comunes, la única referencia específica que hace Marx al estatus de las mujeres *como* mujeres aparezca en el contexto de su refutación de las acusaciones burguesas contra el comunismo:

> Pero vosotros los comunistas queréis instaurar la comunidad de mujeres, nos espeta toda la burguesía a coro.
>
> El burgués ve a su esposa tan sólo como instrumento de producción. Ha oído que los instrumentos de producción deben ser explotados en común y naturalmente sólo puede pensar que las mujeres correrán esa misma suerte, la de ser socializadas.

Por un lado, Marx encuentra que entre la burguesía se da una explotación de las mujeres como «instrumentos de producción» en el seno de la familia. También se da cuenta de que la «comunidad de mujeres» característica del matrimonio y también de la prostitución como instituciones de larga tradición (en realidad la misma institución) actúa para mercantilizar la sexualidad de las mujeres:

> Los comunistas no tienen que introducir la comunidad de mujeres, porque ha existido casi siempre.

1. Eisenstein, Zillah: «Constructing a Theory of Capitalist Patriarchy and Socialist Feminism», *Women, Class, and the Feminist Imagination: A Socialist-Feminist Reader*, ed. Karen V. Hansen e Ilene J. Phillipson (Filadelfia: Temple University Press, 1990), p. 131.

Nuestros burgueses, no satisfechos con tener a su disposición a las esposas y las hijas de sus proletarios, por no hablar de la prostitución oficial, experimentan el mayor placer seduciendo a las esposas de los otros burgueses.

El matrimonio burgués es en realidad la comunidad de esposas compartidas. En todo caso podría reprocharse a los comunistas que quieran instaurar de manera abierta y oficial la comunidad de mujeres en lugar de una hipócrita comunidad encubierta.

Sin embargo, la solución ofrecida por Marx a la prostitución encubierta de la que acusa a la burguesía sólo ofrece un magro consuelo a la hora de corregir esa condición de mujeres mercantilizadas, pues evitar la hipocresía mediante «una comunidad de mujeres legalizada abiertamente» no constituye ni de lejos un llamamiento a que las mujeres se unan contra su opresor común en la familia patriarcal, sea burguesa o comunista. Por otro lado, resulta difícil dejar la lectura de estos pasajes sin la sensación de que Marx estaba mucho menos preocupado por el bienestar de las mujeres *per se*, de lo que lo estaba por presentar la idea sexualizada de una «comunidad de mujeres» como estrategia para socavar la legitimidad moral de la burguesía. Una cosa está clara: sustituir su variante apenas disimulada en el matrimonio o en la prostitución callejera por la mercantilización legalizada de la sexualidad de la mujer ofrece muy pocos incentivos para que las mujeres se sumen al llamamiento que hace Marx a que los trabajadores se unan.

Para ser justos, hay que decir que Marx señala que «por lo demás, es evidente que al abolir las condiciones actuales de producción también desaparecerá su correspondiente comunidad de mujeres, es decir, la prostitución oficial y la no oficial».

Sin embargo, no parece posible alcanzar tal aspiración, pues minusvalora gravemente la tenaz durabilidad de instituciones patriarcales como el matrimonio y –aunque sea coherente con la afirmación previa de Marx, según la cual la burguesía reemplazará todas las formas anteriores de opresión– tampoco tiene en cuenta las ventajas que ofrece al capitalista conservar el matrimonio y la familia como unidad eficaz de producción y reproducción:

> Al menos tres características permiten identificar como prostitución la relación de la esposa con el marido: primero, la relación misma se basa en un valor de cambio atribuido a la esposa *como* mujer, por ejemplo, *en virtud de* su valor como instrumento de producción mediante el cual el marido realiza diversas transacciones... Segundo, la naturaleza de este intercambio es puramente material en el sentido de que sus instrumentos son cuerpos de mujeres cuyo valor o cotización se estima en términos de la prestación de servicios sexuales y/o reproductivos. La mujer puede mercantilizarse como producción y como ocio. Por último, la idea de que las mujeres son mercancías que se explotan *en común* demuestra la sustituibilidad de cuerpos materiales para el trabajo sexual y reproductivo.[1]

El capitalismo *capitaliza* las relaciones sociales existentes en el matrimonio, y sólo puede hacerlo *porque* las mujeres ya estaban definidas en términos de dependencia patriarcal, de su obligación de prestar servicios sexuales y reproductivos, y del deber de realizar el trabajo doméstico. Sacar a la luz estos hechos sobre la situación de las mujeres, cambiar una «comunidad de mujeres» clandestina por una abierta es verdad que permite avanzar hacia un análisis de la relación entre el capitalismo y el patriarcado, pero no va suficientemente lejos. Así, considero que *El manifiesto comunista* debe leerse no sólo a partir de la crítica feminista socialista, como la de Eisenstein y Jaggar, sino también a través de otras obras de Marx, como los *Manuscritos de economía y filosofía* y *La ideología alemana*, en las que su concepción de un ser humano material y encarnado aporta una base fascinante para la crítica feminista socialista no sólo del capitalismo, también de sus compañeros de cama económicos en el matrimonio y en la iglesia.

1. Lee, pp. 37-38.

RELEYENDO *EL MANIFIESTO COMUNISTA* A LA LUZ DE LA APROPIACIÓN FEMINISTA DEL MATERIALISMO HISTÓRICO

Al igual que Eisenstein, Jaggar defiende un feminismo socialista capaz de revelar el «matrimonio» de conveniencia mutua entre el patriarcado y la empresa capitalista:

> En el análisis socialista feminista, el capitalismo, la hegemonía masculina, el racismo y el imperialismo están entrelazados de forma tan intricada que son imposibles de separar; por tanto, abolir cualquiera de esos sistemas de dominación exige acabar con todos los demás. Las feministas socialistas consideran que para comprender plenamente el sistema capitalista es preciso reconocer la forma en la que está estructurado por la hegemonía masculina y, de manera inversa, que para comprender plenamente la hegemonía masculina es preciso reconocer la manera en la que está organizada mediante la división capitalista del trabajo. Las feministas socialistas opinan que sólo se puede explicar a fondo el «patriarcado capitalista» usando el método materialista histórico desarrollado originariamente por Marx y Engels.[1]

Aunque, como señaló el historiador Isaiah Berlin «Marx nunca publicó una exposición formal del materialismo histórico», Marx lo consideraba «un método práctico de análisis social e histórico, así como una base de estrategia política».[2] Éste es el método que puede caracterizar mejor el enfoque de Marx en *El manifiesto comunista* cuyo primer capítulo, «Burgueses y proletarios», se inicia con la afirmación de que «la historia de todas las sociedades que han existido es la historia de la lucha de clases». Las feministas socialistas no disienten de esta afirmación, sino que más bien pretenden utilizar el método materialista histórico para

1. Jaggar, Alison, *Feminist Politics and Human Nature*, Totowa, Nueva Jersey: Rowman and Littlefield Publishers, 1983, pp. 124-125.
2. Berlin, Isaiah, *Karl Marx*, New York Times Inc., Book Division, 1963; Alianza Editorial, 2018.

comprender más claramente cómo la división del trabajo organiza la clase económica y las relaciones laborales dentro del hogar. La apropiación feminista del método materialista histórico puede, en otras palabras, iluminar la dimensión patriarcal de la lucha de clases y a la vez mostrar que las raíces de esta lucha se encuentran en una división más antigua y fundamental: la división del trabajo dentro de la familia.

Lo que Jaggar deja claro es que cualquier análisis que se centre sólo en la lucha de clases –que omita examinar el trabajo doméstico no remunerado, el trabajo de reproducción sexual y/o el trabajo esclavo– únicamente puede arrojar una imagen distorsionada de lo que significaría unir a los trabajadores. Por ejemplo, Marx, en *El manifiesto comunista*, procede a afirmar que «El hombre libre y el esclavo, el patricio y el plebeyo, el barón y el siervo, el maestro y el oficial, en resumen, el opresor y el oprimido se encontraban en un continuo antagonismo, libraban sin cesar una batalla, a veces soterrada, a veces abierta, una batalla que siempre terminaba con la transformación revolucionaria de toda la sociedad o con la ruina común de las clases en liza».

Pero esta lista de contrarios, responsables de estructurar las condiciones de la lucha de clases, no es exhaustiva ni mucho menos. De hecho, si no fuera por el trabajo doméstico no remunerado que aportan esposas y madres no habría sido posible la lucha entre esas clases *reconocidas* de hombres. Así, cuando Marx añade que «En las épocas más tempranas de la historia encontramos en casi todas partes sociedades articuladas por completo en varios estamentos, que forman una compleja escala de las distintas posiciones sociales», tiene sin duda razón, pero no precisamente por los motivos que piensa, pues esta «compleja escala de las distintas posiciones sociales» depende de otra aún más compleja que apenas menciona, a saber, la del orden patriarcal en connivencia con la jerarquía cómplice de la iglesia. Al contrario de lo que afirma Marx, que «nuestra época, la época de la burguesía, se caracteriza por una simplificación de las diferencias de clase», en realidad ha reforzado y transformado un orden social existente de opresores y oprimidos, volviendo invisibles las condiciones patriarcales de la existencia de clases.

Una apropiación feminista socialista del método materialista histórico toma como punto conceptual de partida lo que Marx llama «ser genérico», esto es, la idea de que «los seres humanos son una especie animal que, como otras criaturas sintientes, tienen necesidades materiales reales, son susceptibles de sufrir, viven durante un tiempo finito y finalmente mueren».[1] Basándose en las condiciones materiales –encarnadas– e históricas de la existencia y de la experiencia humanas, el objetivo del método es evaluar las instituciones humanas, incluidos la estructura de la familia, la organización del trabajo, la redacción de la legislación civil y el sistema de intercambio económico a la luz del éxito o del fracaso con el que cada una contribuye a satisfacer las necesidades humanas. Precisamente porque el capitalismo no sólo fracasa a la hora de satisfacer las necesidades humanas, sino que además lo hace en un proceso de empoderamiento de unos pocos a costa de la mayoría, el método ofrece algo más que un mero análisis: ofrece también el impulso hacia la revolución. Como explica Marx en *El manifiesto comunista*: «Pero la burguesía no sólo ha forjado las armas que la aniquilan, también ha engendrado a los hombres que empuñarán dichas armas: los obreros modernos, los *proletarios*».

La contribución que realiza el feminismo socialista al acervo del materialismo histórico es, entonces, dar respuestas a cuestiones clave relativas a *quién* se ve empoderado por una forma de intercambio que por lo demás no logra satisfacer las necesidades humanas, *quién* hace el trabajo responsable de la creación de riqueza, *cómo* está organizada la división del trabajo, en beneficio de quién, y qué condiciones definen la relación entre trabajadores y capitalistas.[2] Consideremos, por ejemplo, cómo aborda

---

1. Marx, Karl, *The Economic and Philosophic Manuscripts of 1844 (EPM)*, trad. Martin Milligan, ed. Dirk J. Struik (Nueva York International Publishers, 1964), pp. 112-114; *Manuscritos de economía y filosofía*, Alianza editorial, 2013; Jaggar, 1983, pp. 52-60; Lee, p. 1.
2. Para más pormenores de este tema, ver Barbara Ehrenreich, «What Is Socialist Feminism», en *Materialist Feminism: A Reader in Class, Difference and Women's Lives*, Nueva York: Routledge, 1997, pp. 65-70.

Marx el papel desempeñado por las máquinas en la división del trabajo:

> Debido al aumento del uso de maquinaria y a la división del trabajo, el trabajo de los proletarios ha perdido para ellos su carácter independiente y con ello cualquier atractivo. El obrero se convierte en un mero accesorio de la máquina, del que sólo se espera la manipulación más sencilla, monótona y fácil de aprender. Así, los costes producidos por el obrero se limitan casi exclusivamente a los alimentos que necesita para su sustento y para la reproducción de su especie. [...]
> La industria moderna ha transformado el pequeño taller del maestro patriarcal en la gran fábrica de los capitalistas industriales.

En la medida en que las tareas de los hombres fueron asumidas por las máquinas, en la medida en que el trabajo ha sido degradado y descualificado por la tecnología, igualmente lo ha hecho el estatus del trabajador; se ha degradado tanto, de hecho, que los salarios de los trabajadores sólo cubren la subsistencia y la «reproducción de su especie». En otras palabras, la división del trabajo en la fábrica está organizada con arreglo a lo que se precise para garantizar la capacidad ininterrumpida de trabajar por parte del obrero, esto es, la producción de su subsistencia y la reproducción de su especie. Pero este último tipo de trabajo –aunque de manera invisible– no es el del trabajador sustituido por la máquina, sino el de su mujer, pues es ella quien produce las condiciones de su subsistencia y engendra sus hijos. Además, el lenguaje utilizado en este pasaje sugiere que la «reproducción de la especie» no es en absoluto un trabajo auténtico, sino más bien un pasatiempo de los hombres; la contribución de las mujeres a tal reproducción queda borrada por completo.

La implicación velada de este pasaje, entonces, es que por desempoderado que esté en la fábrica, el trabajador continúa siendo «el señor patriarcal» de *su* hogar, una «complicación» que contradice la afirmación de Marx de que los antagonismos de clase se han simplificado. Hasta qué punto Marx no tiene en cuenta el trabajo doméstico no remunerado de las mujeres se subraya en el mismo pasaje cuando afirma que «Cuanta menos habilidad y fuerza exige el trabajo manual, es decir, cuanto más se desarrolla la industria moderna, más se sustituye el trabajo de los hombres por el de las mujeres. Las diferencias de edad y sexo en la clase obrera se han vuelto socialmente irrelevantes». La idea subyacente a esta afirmación, esto es, que la maquinaria industrial moderna puede ser operada «incluso por una mujer», es precisamente la misma que permite a Marx ignorar el papel esencial que desempeñan las mujeres en el hogar, a saber, que sí *hay* «diferencias de edad y sexo». Pero, lejos de ser eliminadas por el desarrollo industrial, dichas diferencias son de hecho necesarias para él, ya que es el trabajo doméstico el que proporciona trabajadores –hombres o mujeres– a la fábrica.

Que muchos de los trabajadores que ocupan los escalones más bajos y reciben los salarios más reducidos son mujeres es un hecho que el análisis feminista socialista del trabajo ha puesto muy de relieve. Como afirma Jaggar, los beneficiarios primarios del capitalismo son *algunos hombres*, por más señas hombres blancos, occidentales (u occidentalizados) cuya dependencia de una clase obrera depende a su vez del trabajo doméstico «privado» o no remunerado de las mujeres. Entre los considerables efectos negativos que conducen a la invisibilidad del trabajo doméstico de las mujeres hay que incluir la exclusión de las mujeres de la vida pública (salvo como trabajadoras) y el desempoderamiento de las mujeres como participantes en política. Como señala Jaggar, «en la visión marxista tradicional, la organización del trabajo bajo el capitalismo somete a las amas de casa a una forma de opresión que es aún más profunda que la opresión directa que pueden sufrir por parte de sus maridos. Independientemente de lo amables y respetuosos que sus maridos puedan ser, están oprimidas por su exclusión de la vida pública».[1] Parecería entonces, como propone Marx,[2] que la solución a esta forma de opresión se podría encontrar en la integración de las mujeres en la mano de obra activa.[3] Desde luego, que Marx «aplauda cambios en la organización de trabajo que produzcan la

1. Jaggar, 1983, p. 220.
2. Ibíd., p. 221.
3. Ibíd., pp. 200-201.

entrada de las mujeres en la fuerza de trabajo como oportunidad para realizar una actividad remunerada implica que lo que cuenta como trabajo real para él sólo tiene lugar fuera del hogar, en la esfera pública y no en la privada».[1]

Sin embargo, como revelan estadísticas recientes de la Oficina del Censo de Estados Unidos, cientos de años de contribución de las mujeres al trabajo asalariado son un magro consuelo frente a la igualdad de remuneración, a pesar del soniquete insistente de quienes afirman que la competencia es el remedio para la desigualdad económica.[2] Por supuesto, podemos indicar ejemplos de organización sindical (sobre todo en la industria textil) o la creación de agencias reguladoras como la Comisión para la Igualdad de Oportunidades en el Empleo (EEOC), cuya tarea es ocuparse de las quejas de desigualdad basada en el sexo (y en la raza). Sin embargo, es revelador que «en el momento de la aprobación de la EPA (Ley de igualdad de salario) en 1963, una mujer ganaba sólo 58 centavos por cada dólar ganado por un hombre. Para 2005, la proporción había subido sólo a 77 centavos, una mejora de menos de medio centavo al año. A nadie sorprenderá que las mujeres pertenecientes a minorías estuviesen en una situación peor. Las mujeres afroamericanas ganan sólo 69 centavos por cada dólar ganado por los hombres blancos, y para las mujeres hispanas esta cifra baja hasta sólo 59 céntimos por dólar».[3] Estos datos confir-

1. Lee, p. 65.
2. http://en.wikipedia.org/wiki/Image:Income_inequity_US.png.
3. www.infoplease.com/ipa/A0763170.html. Para una argumentación feminista diferente pero complementaria cuyo objetivo es analizar las razones aducidas para la brecha salarial, ver Vicki Schultz, «Women "Before" the Law: Judicial Stories about Women, Work and Sex Segregation on the Job», en *Feminists Theorize the Political*, ed. Judith Buttler y Joan W. Scott (Nueva York: Routledge, 1992), pp. 297-338. Schultz afirma que una de las razones que se aducen con más frecuencia para explicar la brecha salarial es que las mujeres prefieren «trabajos de mujeres», aunque estén peor pagados, a los «trabajos de hombres» porque les permiten mejor hacer lo que realmente desean: ser esposas y madres. Posteriormente demuestra que las formas en las que definimos e inculcamos el género refuerzan las posturas patriarcales y heterosexistas que influyen sobre cómo hombres y mujeres «eligen» sus

man y contradicen a la vez la valoración que Marx hace en *El manifiesto comunista* de la incorporación de las mujeres a la fuerza de trabajo. Por un lado, apenas puede sorprendernos que las mujeres tiendan a ganar menos dada esa idea del trabajo mecanizado según la cual «incluso una mujer puede realizarlo». En otras palabras, la mecanización feminiza el proceso laboral convirtiéndolo de uno que requiere fuerza e inteligencia «masculinas» en uno que requiere sólo lo que se supone que puede aportar una mujer. Por otro lado, que la organización sindical tuviese lugar en una serie de sectores dominados por el empleo femenino, como el textil, y que esto impulsara la creación de agencias gubernamentales como la EEOC, demuestra el poder político que al menos algunas mujeres comenzaron a ejercer en defensa de su propia situación pública como trabajadoras.

Lo que implica la persistencia de la desigualdad salarial es, sin embargo, que los intentos de reformar desde dentro el capitalismo patriarcal nunca serán suficientes, y que la clave, una vez más, se encuentra en la idea del ser genérico. El ser genérico «no puede definirse como algo dado e inmutable inherente a la pertenencia al género, sino que debemos concebirlo más bien de manera *dialéctica*, es decir, como obra o proyecto en marcha cuya relación con la naturaleza es a la vez material y racional, física y psicológica».[1] Un proceso dialéctico es «aquel en el que el progreso o el cambio suceden mediante la superación de cierto conjunto inicial de condiciones, que a su vez resultan de la superación de otro conjunto anterior y así sucesivamente. Afirmar, entonces, que el ser genérico es dialéctico equivale a afirmar que es producto de un proceso continuo de superación de las condiciones materiales que hacen

---

trabajos. A pesar de críticas como las de Schultz, esa opinión se repite en toda una serie de críticas contemporáneas conservadoras al feminismo, por ejemplo en Warren Farrell, *Why Men Earn More: The Startling Truth Behind the Pay Gap*. Lo irónico es que se podría argumentar que la propia concepción que Marx tenía de la división del trabajo refuerza una concepción como esa de dicha división. Para un análisis que apoya tal afirmación, ver Wendy Lynne Lee, *On Marx*, pp. 12-17, pp. 63-68 y pp. 74-79; también Jaggar, *Feminist Politics and Human Nature*, pp. 69-72.
1. Lee, p. 1; Marx: EPM, p. 112.

posible su propio cambio.[1] Las instituciones que alientan el progreso dialéctico mediante lo que Marx llama *praxis* o *trabajo creativo* son aquellas que satisfacen las necesidades humanas y apoyan el crecimiento humano; instituciones que impiden o ahogan la creatividad humana con el objetivo de crear riqueza para unos pocos independientemente del coste para muchos (medioambiental, humano, en tiempo) son, como dice Marx, *alienantes*, es decir, llevan al individuo al extrañamiento de su propio potencial creativo.[2]

No es sorprendente, entonces, que dadas las condiciones alienantes de la producción en serie, la burguesía haya pasado a considerar al proletariado como «la clase peligrosa, la escoria social, esa masa pasiva y podrida salida de las capas más bajas de la vieja sociedad».[3] Precisamente eso es lo que podemos esperar que surja cuando se vuelven claramente imposibles las perspectivas de progreso, de superación. Escribe Marx:

> El proletario carece de propiedad; su relación con la mujer y los hijos ya no tiene nada en común con las relaciones familiares de la burguesía; el trabajo industrial moderno [...] lo ha despojado de cualquier carácter nacional. Las leyes, la moral y la religión son para él prejuicios burgueses tras los que se esconden otros tantos intereses burgueses.

Y la burguesía cuenta con que la alienación de los trabajadores individuales sea un seguro contra la formación de una conciencia de clase, con que esta «clase peligrosa» –cuyos trabajadores se ven constreñidos a una competencia constante entre sí por los puestos de trabajo y, así, por la supervivencia– nunca llegue a reconocerse como tal. Pero la dialéctica no funciona solamente al nivel de la praxis y la alienación individuales, sino también al nivel de la con-

---

1. Lee, p. 2; Marx, Karl, *The German Ideology*, ed. C. J. Arthur, Nueva York: International Publishers, 1981, p. 47.
2. Marx, Karl, EPM, pp. 107-109; Jaggar, 1983, pp. 208-215.
3. Lee, p. 2; Marx, Karl, *The German Ideology*, ed. C. J. Arthur, Nueva York: International Publishers, 1981, p. 47.

ciencia de clase. Una vez más, el método materialista histórico de *El manifiesto comunista* nos ofrece una pista:

Pero, independientemente de la forma en la que se hiciese, todas las épocas pasadas coinciden en que una parte de la sociedad era explotada por otra. No es entonces sorprendente que la conciencia social de todos los siglos, a pesar de su diversidad y sus diferencias, coincida en ciertas formas comunes, en formas de conciencia que sólo desaparecerán por completo con la desaparición total de las diferencias de clase.

La revolución comunista supone la ruptura más radical con los modelos de propiedad tradicionales; es lógico entonces que durante su desarrollo haya roto de la manera más radical con las ideas tradicionales.

En otras palabras, la aparición de la clase revolucionaria obrera como clase sólo puede entenderse plenamente a la luz de pasadas rupturas con las «relaciones tradicionales», por ejemplo, «cuando se estaba descomponiendo el mundo antiguo, la religión cristiana derrotó a las viejas religiones» pero después «en el siglo XVIII las ideas cristianas fueron desplazadas por las ideas ilustradas».

Marx afirma que cada una de estas luchas puede ser «reducida» a antagonismos de clase: «La historia de las sociedades que han existido hasta la fecha se basaba en antagonismos de clase, que asumían formas distintas en las distintas épocas». Dichos antagonismos terminarán con la revolución al eliminar toda distinción de clase:

Una vez desaparecidas durante este proceso las diferencias de clase y cuando toda la producción está ya concentrada en manos de los individuos asociados, el poder estatal pierde su carácter político. El poder público en sentido estricto es el poder organizado de una clase para explotar a otra. Cuando en su lucha contra la burguesía el proletariado se ve empujado a unirse como clase, se convierte en clase dominante mediante una revolución y como clase dominante pone fin a las viejas condiciones de producción, también pone fin entonces a las condiciones para la existencia del antagonismo entre clases, y de las clases en sí, eliminando así su propia hegemonía como clase.

El problema, desde un punto de vista feminista socialista, es que mientras Marx tiene razón en que el poder político consiste en el poder organizado de una clase para oprimir a otra, de todas formas se equivoca al pensar que el final de la relación entre el proletariado y la burguesía supone el final de las relaciones opresoras. El patriarcado sigue caracterizando la relación de los hombres con las mujeres, de los maridos con las esposas, y esto garantiza la continuación de la opresión en el interior de la familia, con lo que las mujeres quedan en la práctica excluidas de la revolución, de la misma manera que se las excluye de una participación plena en la vida pública.

CAPITALISMO GLOBAL Y EL LUGAR DE LAS MUJERES EN LA REVOLUCIÓN COMUNISTA

En *El manifiesto comunista*, Marx vaticina que «La necesidad de dar cada vez más salidas a sus productos empuja a la burguesía a recorrer todo el planeta». Y añade: «En todas partes tiene que instalarse, en todas invertir, y crear conexiones aquí y allá». Previendo la aparición de los consorcios empresariales sin adscripción nacional ni fronteras que los limiten, escribe:

mediante la explotación del mercado mundial, la burguesía ha vuelto cosmopolitas la producción y el consumo de todos los países, [...] ha arrancado a la industria sus raíces nacionales. Las arcaicas industrias nacionales han sido aniquiladas y siguen siéndolo a diario. Son desplazadas por nuevas industrias, cuya introducción se ha convertido en cuestión vital para todas las naciones civilizadas; y estas nuevas industrias ya no transforman las materias primas locales sino las de las regiones más remotas, y sus artículos no se consumen ya sólo en el propio país sino en todos los rincones del mundo.

A pesar de su clarividencia, tenemos la sensación de que *El manifiesto comunista* alcanza en este extraordinario pasaje tanto su zénit como su final. Marx no podía prever el peaje que esa expansión impondría a los obreros o a los trabajos domésticos y agrícolas de subsistencia realizados tradicionalmente por mujeres, o a los recursos medioambientales, contaminados o incluso completamente agotados por la producción en serie.[1] En efecto, lo que Marx no es capaz de prever es que precisamente las instituciones que hacen posible el capitalismo –el matrimonio patriarcal y la familia– son las responsables de la capacidad de las empresas capitalistas de alcanzar proporciones globales.

En un ensayo reciente, Jaggar señala que

el desarrollo de cultivos a gran escala ha sustituido a la agricultura de subsistencia de las mujeres y contribuido así a hambrunas, sobre todo en África. En India, la destrucción de bosques para dejar paso a la agricultura a gran escala ha supuesto un aumento del tiempo que las mujeres deben emplear en recoger leña y forraje, lo que a su vez significa que tienen menos tiempo para cultivar; sus ingresos se reducen y su alimentación se deteriora...[2]

Además, aunque Marx tenía grandes expectativas de que la tecnología se haría cargo al menos del trabajo más arduo, no previó lo que escritoras feministas como Swasti Mitter describe como su *precarización*:

Un aspecto significativo y sin embargo vastamente subestimado de la restructuración global de nuestros días es [...] la aparición de un mercado laboral muy polarizado. En un mercado así [...] un pequeño número de trabajadores principales convivirá con una amplia variedad de trabajadores periféricos. Se les han dado muchos nombres a esos trabajadores periféricos: trabajadores flexibles, ocasionales o... proletariado temporal o a tiempo parcial. Todos estos términos tienen

1. Lee, pp. 89-91.
2. Jaggar, Alison, «A Feminist Critique of the Alleged Southern Debt», Hypatia 17.4 (otoño de 2002), p. 126.

connotaciones idénticas o similares, e invariablemente evocan la imagen de un trabajador que es mujer y cuyo estatus de asalariada no conlleva necesariamente la perspectiva automática de ascenso profesional. Dicha imagen tampoco sugiere la seguridad del empleo ni las prestaciones sociales relacionadas con su empleo que sí disfrutan los trabajadores principales... [Los trabajadores periféricos] aportan la base de una creciente economía de trabajos precarios incluso en el próspero Occidente.[1]

En su trabajo, escrito en 1986, Mitter pasa a señalar el carácter claramente marcado por el sexo y por la raza de tal expansión así como de la realidad mediada por la tecnología de sus cadenas de fabricación y montaje. La clase obrera «precarizada», escribe Mitter, «no sólo es ignorada por el movimiento obrero tradicional, sino también por la mayoría de los autores que se ocupan de asuntos económicos y políticos» debido a que está compuesta sobre todo de mujeres, personas de color, miembros de poblaciones indígenas y niños.[2] «Mientras que se han escrito, literalmente, miles de artículos sobre cómo las nuevas tecnologías están reemplazando a los trabajadores», concluye, «sólo se ha escrito un puñado sobre la precarización del trabajo, y la mayoría de ellos los han escrito pensadoras comprometidas.»[3]

Vista la intensificación de la tendencia hacia los empleos precarios durante el siglo XXI, su característica más distintiva, como muestra Jaggar, es cuánto se ha *feminizado*, tanto a nivel nacional como global.

En el Norte global, las mujeres, especialmente las mujeres de color, se han empobrecido de forma desproporcionada debido a la desigualdad económica resultante del «libre» comercio, que ha acarreado que muchos empleos previamente bien pagados hayan sido desplazados del

1. Mitter, Swasti, «Women Working Worldwide», en *Materialist Feminism: A reader in Class, Difference, and Women's Lives*, ed. Rosemary Hennesy y Chrys Ingraham (Nueva York: Routledge, 1997), pp. 163-174.
2. Ibíd., p. 164.
3. Ibíd., p. 164.

Norte a zonas de bajos salarios en el llamado Sur global. Esos empleos han sido sustituidos en el Norte por los llamados «McEmpleos», puestos de trabajo «precarios», ocasionales o a tiempo parcial, a menudo en el sector servicios, en general mal pagados y que no incluyen prestaciones de salud o de jubilación... La feminización de la pobreza es un término acuñado inicialmente para describir la situación de las mujeres en Estados Unidos, pero las Naciones Unidas han informado de que ahora se ha vuelto un fenómeno global y en aumento, y las mujeres suponen un 70 por ciento de los mil trescientos millones de pobres del mundo.[1]

Para Jaggar, igual que para Mitter, la globalización representa menos el desarrollo económico con el que se la suele asociar que, como lo expresa Vandana Shiva, el *maldesarrollo* que trae consigo por un lado riquezas tremendas para unos pocos afortunados –en su mayoría del Norte (Occidente)–, y por otro una pobreza cada vez más extrema para muchos, en particular mujeres, no blancos, indígenas y niños. Al contrario entonces de lo que Marx afirmaba en *El manifiesto comunista* respecto a su abolición, la situación de la mujer tal como está definida en la familia patriarcal sigue siendo un factor determinante clave de la organización del trabajo. «La familia burguesa», escribe Marx, «desaparecerá de forma natural cuando desaparezca su complemento [el proletariado], y ambos desaparecerán con la desaparición del capital.»

Sin embargo, tal «desaparición» no sólo no se ha cumplido, sino que, al contrario, mujeres y niños se han convertido en «materias primas» de la producción en serie en la actual lucha empresarial por mercados cada vez mayores. Marx sin duda tiene razón en que la expansión del capital es una «cuestión de vida o muerte» para el desarrollo nacional. En la medida en que el desarrollo del mercado global pone en peligro la relación entre los agentes humanos, el trabajo de subsistencia y los recursos naturales de los que dependen, el desarrollo, afirma Shiva, es para algunos –sobre todo las mujeres– como mínimo *maldesarrollo*, si no directamente tóxico. El «carácter cosmopolita de la producción y el consumo» es nocivo

1. Jaggar, 2002, p. 124, énfasis de la autora.

para aquellos cuyas vidas están en peligro por sus consecuencias para el medio ambiente, consecuencias que Marx no previó.
Además, a nadie sorprenderá que las mujeres se lleven la peor parte
de la destrucción de los recursos, por lo que conlleva de destrucción de sus propias oportunidades de realizar trabajos productivos
(y reproductivos); pero lo que Shiva subraya es que la precarización
comienza con la eliminación de las formas de producción vincula-
das más estrechamente con el suelo, el agua y la vegetación. En
otras palabras, no sólo comienza con la destrucción de una modali-
dad de trabajo realizado principalmente por mujeres, la agricultura
de subsistencia, sino arrebatando un elemento esencial de la identidad cultural, de género e incluso personal de las mujeres, *la provi-
sión de alimentos*, a aquellas cuyo trabajo –antaño considerado
esencial para la familia y la comunidad– ha sido sustituido ahora
por trabajos precarios que se consideran «trabajos de mujeres»,
esto es, feminizados (Lee, p. 89). Además, como incluso las condiciones para la producción de alimentos están en peligro debido a la
destrucción del suelo y del agua, aumenta la presión para entrar a
formar parte de la mano de obra asalariada como vía para conseguir comida, aunque haya sido cultivada y empaquetada en otros
lugares, o, como anticipa Marx en *El manifiesto comunista*, por
«industrias cuyos productos se consumen no sólo en el propio país,
sino en cualquier lugar del globo».

En resumen, lo que puede mostrar una lectura feminista socialista de *El manifiesto comunista* es hasta qué punto las ideas marxistas
siguen siendo relevantes y útiles en la crítica al capitalismo. Pero lo
que esa lectura puede también demostrar es hasta qué punto instituciones básicamente patriarcales como el matrimonio y la familia
tradicional son esenciales para la vitalidad y la expansión global del
capitalismo..., a pesar de la notable minusvaloración que hace
Marx de su papel y su poder. Hay algo muy irónico en el análisis
feminista socialista: no es que Marx no lograse ver la importancia
del papel de la familia como unidad clave de producción y consumo; a lo largo de *El manifiesto comunista* se observa claramente que
el mismo Marx aborda ese papel y sus consecuencias para el proletariado revolucionario emergente. Sin embargo, al identificar de
manera demasiado estrecha el matrimonio y la familia con la bur-

guesía, y por tanto con su futura derrota, Marx no comprende que las relaciones patriarcales ofrecen precisamente el modelo que sustenta el poder de las relaciones capitalistas. Sin la crucial comprensión de la mercantilización de la sexualidad de las mujeres, la idea que tiene Marx de la revolución –y no digamos de la utopía subsiguiente– está destinada a seguir no sólo cerrada a las mujeres, sino también a ser sólo «revolucionaria» de nombre.

Índice onomástico

la Segunda República durante la guerra civil (septiembre de 1936 a mayo de 1937).

LASALLE, Ferdinand (1825-1864): filósofo y político socialista alemán: fue miembro de la Liga de los Comunistas, amigo de Marx y Engels, pero se distanciaron porque éstos no lo consideraban suficientemente revolucionario.

METTERNICH, Klemens von (1773-1859): ministro de Asuntos Exteriores y canciller alemán, conservador, tuvo una gran influencia en el Congreso de Viena, que llevó a la restauración del Antiguo Régimen tras la caída de Napoleón.

NEGRÍN, Juan (1892-1956): político socialista, sucesor en mayo de 1937 de Largo Caballero al frente del Consejo de Ministros hasta marzo de 1939.

OWEN, Robert (1771-1858): empresario y socialista utópico británico, contrario a la lucha de clases. Intentó poner en práctica sus ideas de sociedades fraternales en sus empresas y en colonias fundadas por él.

PROUDHON, Pierre-Joseph (1809-1865): político y revolucionario anarquista francés autor, entre otras, de dos obras muy influyentes en su época: *¿Qué es la propiedad?* y *Filosofía de la miseria.*

SAINT-SIMON, Henri de (1760-1825): economista y filósofo francés considerado como uno de los precursores del socialismo.

SISMONDI, Jean-Charles-Léonard Simonde de (1773-1842): historiador y economista suizo. Criticó que la teoría económica se ocupase tanto del aumento de la riqueza y tan poco del aumento del bienestar social. Defendía la intervención del Estado en los asuntos económicos.

WEITLING, Wilhelm (1808-1871): revolucionario que osciló entre el anarquismo y el socialismo; defendía la dictadura proletaria y una revolución de los estratos más bajos, que no tenían nada que perder.

Thought rakes the fires
That keep our furnaces at even heat
Capricious as a starving flame
Frail inspiration flickered till he came
To give the fire a world to eat.

El pensamiento aviva los fuegos
que mantienen el calor de nuestras fraguas.
Caprichosa como una llama hambrienta,
vacilaba la frágil inspiración hasta que él llegó
para entregar al fuego un mundo que devorar.

MARGOT HEINEMANN (1913-1982),
escritora comunista. De su poema «RJC»,
escrito en 1936 y dedicado a su amante,
(Rupert) John Cornford